DERECHOS DE AUTOR

ÉXITO ES TU RESPONSABILIDAD

Esta obra literaria fue escrita y editada por Francisco Luis Marino, consultor y entrenador de mejora continua *(kaizen coach)* el 27 de septiembre del 2020 en Hermosillo, Sonora, México.

Número de Registro: 03-2016-072210154300-01
ISBN: 9798689399850

Esta edición es para venta exclusiva por el autor.

Todos los derechos reservados. Ninguna parte de este libro puede ser reproducida, almacenada en soporte informático o transmitida por medio alguno mecánico o electrónico, fotocopiada, grabada, ni difundida por cualquier otro procedimiento, sin la previa autorización escrita.

ÉXITO
ES TU
RESPONSABILIDAD

INTRODUCCIÓN

Pequeñas cosas pueden limitarte y tomar decisiones en base a una idea equivocada te afectará incluso te puede perjudicar. El punto con el que quiero comenzar es el error de tener una fuerte creencia en que *lo que se mide se mejorará*. No me malinterpreten y lean bien; *el error es pensar que lo que se mide se mejora*. Soy consultor y entrenador de mejora continua y mejoro tu liderazgo, tu marketing, tus ventas y tus Recursos Humanos para que ganes más dinero. Las palabras que más repito en mi trabajo son metas y métricas; no tienes que ser un Lean Six Sigma Master Black Belt para saber que la famosa frase *"lo que no se mide no se puede mejorar"* no es necesariamente correcta en la mayoría de los casos. *Lo que se mide solo es medido*; mejorar es algo completamente distinto y requiere de diferentes y especiales habilidades, perspectivas, conocimientos y voluntad. Mucha gente olvida el trabajo duro e inteligente que se necesita para lograr la mejora y también olvidan que no todos están capacitados o tienen el nivel de experiencia para lograrla. **La medición ayuda dando una referencia cuantificando el fracaso o el éxito del progreso, pero no garantiza una mejora.**

Puedes medir todos los días con cuantos prospectos hablas, pero si tú no mejoras tu estrategia de ventas, servicio al cliente, tu calidad o tu Mercadotecnia, la cantidad de ventas probablemente no mejorará y tu rentabilidad no incrementará. Incluso hay cosas fáciles de mejorar sin la necesidad de una análisis estadístico. El punto aquí es no tomes las cosas por garantizado y toma acción, toma responsabilidad y toma iniciativa. No esperes un resultado positivo, créalo diseñando correctamente las metas con las cuales lograrás prosperidad.

Acabo de cumplir seis años con mi consultoría de rentabilidad y mejora continua y he trabajado con empresas multinacionales que están en más de 170 países, en empresas nacionales grandes, medianas, chicas; he trabajado con grupos de emprendedores, también con organizaciones de gobierno y no gubernamentales, he impartido clases en Universidades, y una de cuatro cosas que todos ellos tienen en común es no tener o no saber hacer metas correctamente y más adelante conocerás cómo afecta no tenerlas y también te compartiré todos los beneficios.

Estoy escribiendo este libro la noche del viernes 24 de julio del 2020; durante los pasados seis años he leído 366 libros; solo leo de negocios y no ficción y hay unas obras que me encantan, pero a pesar de que soy muy selectivo con la calidad de autores, temas y casas editoriales, aún así he visto muchos libros que son ambiguos, redundantes, aburridos, solo teóricos de bajo nivel y sin guías prácticas directas y concisas.

Habiendo dicho eso uno de mis objetivos de esta obra es que al terminar no tengas duda alguna para crear metas para que prosperes, y lo haré de una manera muy ligera para que no solo se lea rápido, pero que facilite tu comprensión. Orientaré tu forma de pensar para que prosperes a niveles más avanzados de los que la mayoría actualmente están.

Mantendré el contenido principal enfocado a mi preparación, conocimiento y experiencias laborales, pero les puedo decir que en mi vida personal he tenido más altas y bajas que cualquier persona que conozco, y no hay mejor medicina que tener un propósito y un plan a seguir para no quedarse perdido en los eventos que se nos presentan en la vida.

Capítulo 1 - Metas

Sin metas limitas tu futuro 10

¿Cuánto necesitas al mes? 21

¿Qué quieres lograr? 23

Capítulo 2 - Empresas con y sin metas

Empresarios desinteresados 28

Decisiones no informadas 30

Deslumbrado te ciega y limita 47

Capítulo 3 - Polaris

¿Qué debes medir? 52

¿Con qué medir? 61

Valor monetario de tu tiempo 73

Planea y mide tus gastos para crecer y vivir mejor........80

Gestión de prioridades 101..................................88

31 días de orientación diaria de metas....................97

Mentalidad de hombre de negocios 159

ÉXITO ES TU RESPONSABILIDAD:
MEJORANDO MIS METAS

CAPÍTULO

METAS

SIN METAS; LIMITAS TU FUTURO.

67 % de los ricos escriben sus metas; solo el 17 % de los pobres lo hacen.

Martin Luther King Jr. tenía un sueño, pero fueron sus metas diarias lo que le brindó dirección para las acciones que crearon los resultados necesarios para lograr ese sueño. Un sueño es algo intangible y cualitativo hasta que se escribe en una hoja de papel y se complementa con un plan de acción basándose en información clara, correcta y necesaria. Antes de continuar necesitamos repasar que es una meta para estar en la "misma página". Basándonos en la descripción de la Real Academia Española, una meta es: *el fin al que se dirigen las acciones o deseos de alguien.* Hay muchos métodos y herramientas para crear metas, pero primero debes de conocer las **11 categorías de metas**:

1) Metas personales.
2) Metas de trabajo.
3) Metas financieras.
4) Metas del físico y salud.
5) Metas académicas.
6) Metas de parejas.
7) Metas de desarrollo personal.
8) Metas espirituales.
9) Metas de carrera profesional.
10) Metas psicológicas.
11) Metas externas.

Por supuesto que algunas categorías se relacionan entre sí, pero es muy importante mantener divididas las clases para lograr una mejor claridad entre objetivos.

También debes de conocer que hay **dos estilos de metas**; *las cualitativas* que son las menos productivas y *las cuantitativas* las cuales tienen mayor porcentaje de creación de productividad. Ambos estilos tienen **tres tipos de metas**: de *corto, mediano, y de largo plazo.*

Formar un plan de acción es fundamental para la creación de una meta correcta y funcional por eso debes de tener "pequeñas" metas dentro de cada meta y hay solo cuatro bases que necesitas para crear la tuya: *un objetivo claro; cómo la quieres lograr; para cuándo la quieres lograr; y qué recursos requieres.*

Necesitas tener un objetivo claro, conciso, completo y correcto porque como todo en la vida, no es suficiente hacer las cosas; necesitas hacerlas correctamente para que obtengas los resultados positivos deseados.

He visto a cientos de personas quienes por no tener un objetivo claro, no logran sus metas, pierden tiempo y otros recursos al diseñarlas e implementarlas, crean estrés, ansiedad y baja autoestima junto con emociones como coraje y miedo al perderse en el camino al éxito. Para evitar esto debes de dominar el uso de las **7C de comunicación** las cuales son:

1. **C**laro.
2. **C**onciso.
3. **C**oncreto.
4. **C**oherente.
5. **C**orrecto.
6. **C**ordial.
7. **C**ompleto.

Se dice que un problema claro y correctamente definido está medio resuelto; mi experiencia me ha enseñado que esto es cierto, pero definir un problema correctamente es como encontrar el medicamento correcto, y cualquier gran doctor te dirá que es un arte, no una ciencia. De igual manera tener un objetivo claro es un arte y no una ciencia. Claro, como cualquier otra destreza -habilidad- hay personas que se les facilita naturalmente sin tener previos estudios o experiencias, pero también hay muchas personas a quienes se les dificulta aún con los conocimientos, y si eso te pasa a ti no te preocupes, es totalmente normal y esperado.

Evita el típico error que muchas personas cometen y ese es sobrevalorar su memoria y/o sus habilidades motrices. Solo porque tengas excelentes ingredientes Gourmet y utensilios especiales no te convierte en un chef… la práctica perfecta es lo que te convierte en uno.

Entonces conocer de que esta formada una meta, para que sirve, y cómo se debe de estructurar no te convertirá en un director de productividad en ninguna categoría de metas, debes de practicar, practicar y practicar hasta que te canses, te enfades y solo habrás practicado la mitad de las veces necesarias para ser excelente. La madre de toda habilidad es la repetición.

Recordando unas palabras de **Bruce Lee**: *"no temo a quién ha practicado diez mil patadas una vez, temo a quien ha practicado una patada 10,000 veces".*

¿Cuántas veces estás dispuesto a practicar la creación de metas para lograr más y mejor prosperidad dentro o fuera de tu trabajo?

Ahora, al momento de pensar cómo quieres lograr tu meta no necesitas tener información medible como estudios, historiales, métricas o pronósticos, no requieres tener un informe oficial especialmente porque sé que hay muchas personas y compañías que no documentan la información entonces para la mayoría de ustedes realizar un *data mining* (búsqueda de información) solo será una pérdida de tiempo. Que no se malinterprete, esa información es lo ideal y diligente para crear metas y planes de acción… pero no es necesario.

Lo que si es necesario es tener una fecha de cuando quieres lograr tu meta basándote en tus prioridades. *No quieres brindarle más o menos prioridad de lo que se merece*, porque eso sería un desastre en muchas áreas de tu vida. Prácticamente debes decidir si lo que quieres lograr es urgente, importante, negociable o no negociable y después identificar el tipo de meta, si será de corto, mediano o largo plazo.
Para esto tal vez necesites realizar una lista de deseos o de metas, y analizando tus planes y necesidades podrás comparar y decidir qué prioridad le asignarás para establecer un lapso de tiempo; y si te preguntas *¿qué hago primero, hago lo importante o lo urgente?*

Te daré la respuesta que le doy a todos mis clientes y esa es que las únicas cosas urgentes que debes tener son causadas por factores externos y/o de fuerza mayor.

Si haces lo importante, cuando y como debes hacerlo, evitarás que se convierta en urgente, pero si postergas como muchos lo hacen entonces tú mismo provocas que se convierta en algo urgente y probablemente causarás estrés, ansiedad, enojo o bajarás tu calidad por hacerlo a último momento; sin mencionar todo lo nuevo que no estás haciendo cuando deberías hacerlo por atender esas cosas viejas y ahora urgentes. ¿Con cuántas urgencias terminarás si continúas con desorden, impuntualidad y al procrastinar lo importante?

Cada una de todas estas cosas son importantes porque *una meta específica te da algo porque luchar, te ayudará a mantenerte comprometido y te brindará una guía para no perder o desperdiciar recursos.* Solo observa las diferencias entre los dos siguientes ejemplos y analiza lo negativo y lo positivo…

Decir *"quiero bajar de peso para el verano"* es ambiguo, intangible y tal vez inalcanzable, pero si dices: *"quiero eliminar 10 kilos de grasa mejorando mi alimentación, comiendo cuatro platillos de 350 gramos de frutas y verduras cada cuatro horas, sin bebidas gaseosas o con alto contenido de azúcar, cenando mínimo tres horas antes de dormir, bebiendo mínimo 3 litros de agua diariamente y mediré mis avances pesándome en ayuno todos los días comenzando esta nueva práctica hoy 25 de julio hasta el 01 de octubre del año en curso para concluir mi meta".*

Ése un plan con mayor probabilidad de éxito. Aún falta información en el último ejemplo, pero puedes notar claramente la diferencia de actitud, compromiso, dedicación que tiene la persona que lo dice, así como el nivel de madurez y responsabilidad que se requiere para establecer planes como esos.

Personas que aprenden, practican y dominan la creación de metas tienen más probabilidad de obtener los frutos que se desean, por eso es extremadamente importante para el futuro de tu negocio, de tu familia y el tuyo, establecer correctamente metas; *esto también significa que si no estableces nada... eso lograrás.*

Hay varios métodos para crear metas, pero te recomiendo usar **SMART y GROW**. Ambas son un acrónimo lo que según la RAE significa sigla cuya configuración permite su pronunciación como palabra; p.ej., ovni: objeto volador no identificado. El acrónimo SMART se traduce al español como metas inteligentes y te las describo a continuación.

La **"S"** representa la palabra *specific* en Inglés, lo que en Español significa específico. Apréndete las 7C de comunicación porque las necesitarás para esto. Si no las conoces solo se muy claro y específico con la meta que quieres lograr. Si hay espacio para suposición; hay espacio para un error y solo los ultra exitosos saben exactamente qué quieren.

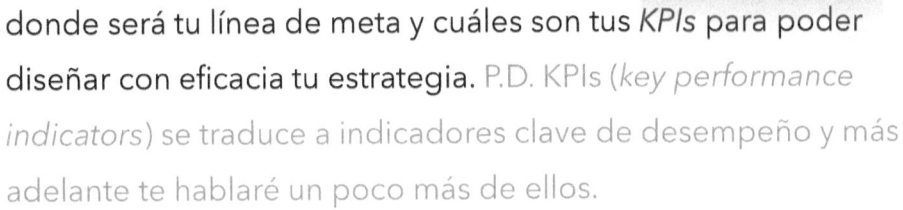

La letra **"M"** representa la palabra *measurable,* lo que significa medible. Es difícil mejorar algo que no se mide. Necesitas saber donde es tu comienzo, donde será tu línea de meta y cuáles son tus *KPIs* para poder diseñar con eficacia tu estrategia. P.D. KPIs (*key performance indicators*) se traduce a indicadores clave de desempeño y más adelante te hablaré un poco más de ellos.

 La letra **"A"** representa la palabra *attainable*, lo que significa alcanzable. **Regresamos a una de las 7C de la comunicación porque necesitas ser coherente al apuntar esta sección.** Si tu meta no es alcanzable, muy probable tu productividad se reduzca en lugar de incrementar y los efectos secundarios de realizar algún esfuerzo sin la estrategia adecuada terminará por crear problemas personales y laborales y eso es lo que queremos evitar. También necesitas tener cuidado, solo porque una meta es alcanzable no significa que la debas hacer.

La letra **"R"** representa la palabra *realistic*, lo que significa realista.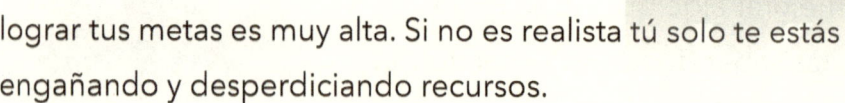

Si creas metas irreales la probabilidad que te cause ansiedad y te frustres por no lograr tus metas es muy alta. Si no es realista tú solo te estás engañando y desperdiciando recursos.

La letra **"T"** representa la palabra *time* lo que significa tiempo.

Nunca subestimes la importancia y el efecto que causa una fecha y hora en algún compromiso. Esto marcará tus pequeños pasos y muy probable te obligue a ser más puntual. Administra eficientemente tu agenda porque *una persona organizada es usualmente relajada y una persona desordenada demuestra estrés, ansiedad, enojo y otras malas emociones.*

Terminaré esto con otro ejemplo sencillo. Decir, quiero comprar un carro no es una meta. Es ambiguo, y sin un plan tangible muy probable tendrás distracciones o acciones compulsivas que eviten tu logro. Un ejemplo de lo que necesitas decir: *voy a comprar un sedán automático del año 2012 en adelante, que esté dentro del mi rango accesible de $150,000, y lo haré para el día 31 de diciembre del año en curso, ahorrando $2,500 pesos semanales porque es lo que puedo sin afectar mis finanzas.* También se puede mejorar este ejemplo, pero claramente puedes detectar cómo puedes ir midiendo tus ahorros y si malgastas sabrás rápidamente que no lograrás tu meta, pero si aplicas las 7C también podrás corregir específicamente cuando es lo que necesitas mejorar.

Con esta herramienta incrementarás tu probabilidad de éxito, la pregunta es: entretenimiento, educación, familia, trabajo ¿qué valoras lo suficiente para planearlo? No seas parte de la mayoría quienes su palabra no vale por decir cosas que harán y solo las dejan en el olvido; planea, ejecuta en silencio y recuerda que nunca conocerás a un rico que no administre y valore su tiempo, y tampoco conocerás a un pobre que lo haga. Si quieres conocer cómo aplicar el método GROW para mejorar los resultados de tus vendedores, o cómo mejorar las prácticas de liderazgo para lograr mejores estándares de marketing, ventas y servicio al cliente, así como para aumentar los procesos estandarizados con los objetivos de mejorar el desarrollo organizacional e incrementar la rentabilidad, contáctame a mi directo 662-402-0168. Será un placer atender a un lector. Te comparto mis otros contactos y recursos para que aproveches todo y aceleres el crecimiento de tu carrera laboral, de tu negocio o de tu prosperidad personal. En mi podcast Éxito es tu responsabilidad encontrarás cientos de segmentos donde reflexionas y te oriento para crear una mejora continua personal y laboral. Encontrarás contenido similar en mis redes sociales, todas están enfocadas para tu desarrollo. Si te gusta leer y crecer, mi libro Mejorando como gerente te ayudará. Escucha mi podcast Éxito es tu responsabilidad o visita mi página web: franciscoluismarino.com

¿CUÁNTO NECESITAS AL MES?

Estás a punto de emprender o ya tienes tu negocio y quieres subir tus ventas, pero ¿te has preguntado cuánto realmente necesitas ganar? No es tan sencillo como suena y a muchas personas les da miedo cuando conocen la cantidad mágica. Si no tienes una cifra específica no puedes crear prioridades porque simplemente no sabes el nivel de importancia de cada cosa. Y si no tienes idea de la cantidad de esfuerzo que requieres no estarás física o mentalmente preparado para lograrlo. Incluso las metas de algunos en ocasiones no son suficientes; por ejemplo, un doctor si tenía una cifra específica, quería ganar $50,000 pesos mensuales. Comenzamos a determinar sus costos fijos lo cual es una lista más larga de la que muchos piensan porque muchos olvidan los costos de mantenimiento, de depreciación de equipos y herramientas para determinar futuras inversiones así como el sueldo propio, después determinamos sus costos variables y con sus precios unitarios analizamos cuáles eran sus puntos de equilibrio y sólo entonces vio realmente lo necesario para ser rentable.

Al conocer ese número sus objetivos, metas y prioridades cambiaron drásticamente porque para lograr lo que realmente deseaba necesitaba mucho más de los $50,000. Crear metas requiere mucha información y el problema de muchos es que confunden escribir una lista de cosas por hacer como metas y el otro es no brindar la suficiente importancia hacia el esfuerzo necesario para prosperar. No cometas el error de crear metas insuficientes para satisfacer tus necesidades reales.

¿QUÉ QUIERES LOGRAR?

Esta reflexión les ayudará a reducir costos innecesarios incluso pérdidas por mala planeación y acelerará sus mejoras.

Escribo esto el día 03 de agosto del 2020 y recientemente aparte de publicar dos libros en Amazon —Mejorando como gerente y Mejorando mi desarrollo personal— acabo de cumplir seis años atendiendo empresas, empresarios, emprendedores, Universidades y organizaciones de gobierno así como no gubernamentales y de todas las empresas que he atendido, solo dos personas me han impresionado el nivel de claridad que tienen en lo que están haciendo y quieren hacer.

Tal vez no pueda expresarles ese sentimiento que eriza la piel, ese sentimiento de cosquilleo o "piel chinita" cuando estás presenciando algo que es mucho más grande que tú y te emociona tanto que quieres ser parte de ello y sientes orgullo al pertenecer a ese grupo de individuos organizados y empoderados para dirigir y liderar corporaciones rentables multimillonarias que tienen el control de las situaciones y no les tiembla las manos en momentos difíciles.

Eso es uno de mis objetivos para ustedes al terminar este libro; que sean personas con un pensamiento de alto nivel empoderadas para liderar las masas y que obtengan más de lo que creen posible y todo comenzará por determinar su estado actual, definir cuál es el estado futuro y determinar el trayecto para crear metas y planes de acción certeros.

A todos mis clientes y estudiantes los preparo para que sean multidisciplinarios porque es lo requerido para sobresalir y prosperar en niveles altos.

¿Qué tiene que ver eso con crear metas? *Mucho*. Para comenzar por si no ha quedado claro hasta este punto, crear metas no solo es crear metas; por lo menos no como yo las hago porque en altos niveles no existen las habilidades blandas. Cuando creamos metas necesitamos comunicación efectiva, visualización de datos, solución de problemas, pensamiento crítico, creatividad, innovación estratégica, disciplina, organización, liderazgo, técnicas de ventas, conocimiento de mercadotecnia, visión, misión, determinación y deseo vehemente para prosperar en altos niveles. *¿Lo tienes?*

Muchos dicen querer ser lo mejores, pero si quieres estar en la C Suite – CEO, CFO, COO, CIO– en el piso 143 dirigiendo miles de empleados y atendiendo millones de clientes eso es lo que necesitas. Y si se te hace mucho eso; si piensas que tu negocio es tan chico como para pensar tan grande... acabas de poner un techo invisible que limitará tu crecimiento porque ningún negocio es tan chico y ninguna persona es tan insignificante como para que no importe planear y actuar para la excelencia y grandeza. **Es fácil soñar, pero planear asusta a muchos.** Tengo clientes multimillonarios que tienen décadas con varias empresas y me llaman para subir sus ventas y mejorar sus negocios, pero cuando les pregunto directamente ¿qué quieres lograr? Solo dos me han dicho claramente lo que desean, y el resto o les asusta entrar en modo de crecimiento agresivo, o a pesar de sus éxitos de cierta forma tienen baja autoestima pensando que no pueden lograr algo grande, pero yo no tengo tiempo para planes chicos y espero que no tengas que perder o alargar tu curva de aprendizaje para darte cuenta de eso... ni tú ni yo tenemos tiempo para hacer cosas pequeñas entonces ya sea que pises el acelerador al fondo, te conviertas en una bestia o permitas esa pasión y ambición arder en ti porque vamos por todo.

ÉXITO ES TU RESPONSABILIDAD:
MEJORANDO MIS METAS

CAPÍTULO

EMPRESAS CON Y SIN METAS

EMPRESARIOS DESINTERESADOS

Si te hago una pregunta de tu negocio y no me la puedes responder estás haciendo las cosas mal. Comprendo que algunos simplemente quieren ser dueños y recibir maletines llenos de dinero, pero aún que tú no dirijas el negocio y no lo operes no debes de ser tan desinteresado en él.

No puedes ni serás un buen director o presidente de un grupo si no te importa saber que ocurre o que se quiere lograr. Aparte ¿cómo esperas tomar buenas decisiones si no tienes información de las operaciones y del personal de tu negocio? ¿Cómo esperas ser un buen líder si no tienes idea de lo que se requiere para lograr los objetivos? O si buscas un inversionista incluso si quieres expandir a franquicias o entrar a la bolsa de valores necesitas conocer tus números.

Necesitas información de las metas que en el tercer capítulo - *Polaris,* encontrarás en el tema de *Que medir,* pero antes de eso primero necesitas conocer más tu negocio y créeme que aunque pienses que sabes bastante, no es suficiente.

Solo porque no tienes números rojos no significa que no tengas problemas que arreglar o áreas que mejorar; es más... al terminar este libro te aseguro que descubrirás que no estás midiendo todo lo que deberías para saber si realmente tienes productos, procesos o una compañía rentable y te sorprenderá todo lo que puede mejorar tu organización con la información y la planeación adecuada.

DECISIONES DESINFORMADAS

Como puedes ver este libro es una combinación de enseñanzas, orientaciones, reflexiones y en esta sección te compartiré sólo tres historias de empresas que he atendido para que veas como estaban limitando su desarrollo y crecimiento al tener mala comunicación, mala planeación y mal liderazgo.

Por privacidad no utilizaré los nombres de las organizaciones y tampoco los nombres de las personas con las que traté, y aún que tenga permiso de mis clientes para platicar las historias no estoy aquí para hablar mal de una compañía o criticar personas o eventos, estamos aquí para analizar filosofías y metodologías y mi objetivo es ayudarte a reflexionar viendo las malas prácticas de otros para que no las cometas y para eso debes poder identificarlas y solucionarlas antes de que incrementen los problemas.

Vivo y principalmente atiendo en Hermosillo, Sonora, México, y una empresa familiar local me contactó porque la tercera generación estaba por tomar cargo y querían pasarla limpia.

Curiosamente en muchos lugares dicen que los jóvenes son los que innovan y están mejorando los negocios y que los "viejos" aparte de no estar actualizados, tienen prácticas rudas e inefectivas; pero de las miles de personas que he conocido, sé que la juventud no garantiza innovación o mejoras. Así como he conocido jóvenes astutos, brillantes, audaces y personas mayores necias, estancadas, también conozco personas mayores sabías y jóvenes poco inteligentes y en esta empresa, esa era la situación. El abuelo sabía que necesitaba mejorar su negocio no solo para que los familiares vivan de él sin problemas, sino para que la misma empresa crezca. El joven a pesar de tener un puesto de alto nivel en el negocio, no le interesaba implementar el programa de mejora; esto era un problema porque cuando el actual dueño se retirara el nuevo cancelaría el proyecto y todo mi trabajo sería desperdiciado. Tengo que aclarar un punto aquí para tener mejor contexto, aunque actualmente me pagan tres veces más que mis competencias, en mi negocio no me importa el dinero, porque me importa más crear impacto en la vida de mis clientes, sus empleados y los clientes de mis clientes. Entonces si sé que cancelarán un proyecto, prefiero no vender mis servicios desde un principio y buscar un lugar donde mis acciones trasciendan.

Regresando a la historia... ¿Qué hacer para enseñarle al joven y convencer la necesidad de estructura?

A esta persona no le importaba la cultura de trabajo; no le importaba el liderazgo; no le importaba las buenas prácticas de ventas, servicio al cliente, logística, seguridad ni Recursos Humanos, entonces como lo único que le importaba era recibir dinero hice lo siguiente.

Realicé un análisis operacional solamente en el área de Recursos Humanos, aunque técnicamente no tenían ese departamento, la secretaria y él hacían "todo". Fue muy rápido y sencillo porque como les menciono literalmente no había un sistema para buscar talento, seleccionarlo, capacitarlo, desarrollarlo, tampoco para despedir, no había trabajos estándares, descripciones de puesto, programas de inducción, auditorías de desempeño. ¡Nada! Entonces capturé la voz del cliente (interno) con preguntas muy específicas para cuantificar el ambiente, la determinación hacia el desempeño, lealtad, motivación, aspiraciones, entre una docena de cosas que mido.

Adicionalmente se midió cuánta rotación de personal tenían al mes, cuatrimestre y al año; se dedujo cuanto costaba tener un nuevo miembro ya operando óptimamente.

Se midió la voz del cliente externo (ósea el cliente que muchos conocen, el que te compra), y se cuantificó la importancia de tener atención profesional.

Se pronosticó cuánto tiempo se pierde al capacitar a cada persona y cuánto tiempo no hay alta productividad por los errores de los aprendiz.

Solicité una reunión y le pregunté, ¿cuánto tiempo duran en capacitación los de nuevo ingreso? Su respuesta fue: *"pues hasta que aprendan".* Lo que ocasionó que preguntara ¿y con qué criterio y quien aprueba si una persona ya está apta para atender? Su respuesta: *"pues, ahí se va viendo cuando están aprendiendo".* Continúe con preguntas de este estilo obteniendo el mismo tipo de respuestas, ambiguas, no certeras, en ocasiones incorrectas hasta que llegué a la pregunta, bueno ¿y cómo seleccionas a tus empleados? Su respuesta fue: *"a ojo de buen cubero".* Fue entonces cuando dejé de preguntar y comencé a vender esta transformación a una empresa con buenas prácticas.

Le dije: *vamos a olvidarnos de la cultura de trabajo y que todos se sientan bien y vamos hablar de números para que tú te quedes con más dinero, ¿te parece?* ¡Claro, eso es lo que me importa! Me respondió con una sonrisa.

Comencé a presentarle la información que había recaudado diciendo que por no tener un sistema de inducción cada nuevo miembro tardaba entre siete a nueve semanas en lograr lo que debería hacer en dos. Los supervisores perdían por lo menos una semana completa instruyendo a cada uno, lo que por su alta rotación al año se perdían aproximadamente tres meses repitiendo la misma información.

No solo se perdía más de un cuarto de millón de pesos en nóminas de supervisores y gerentes que enseñaban a los nuevo ingresos, pero esos tres meses del año que perdían, no se progresaba en lo que necesitan lograr los gerentes, y por no tener sistemas ellos mismos la calidad en el servicio al cliente y en las ventas disminuían.

Adicionalmente no había control en bodegas entonces no solo tenía altas pérdidas por el desorden, no tenían idea cuánto les estaban robando porque malamente por no seleccionar buenas personas estaban metiendo a su casa personas sin valores. Continué demostrándole cuánto dinero perdían al entregar uniformes completos (camisas, pantalones, zapatos, fajas, lentes, guantes y gorras) especialmente cuando no todos requerían EPP —equipo de protección personal—. Había personas que parecía que solo iban por los zapatos.

Suena feo, y no estoy discriminando, pero cuando no tienes control de tus operaciones, las personas se dan cuenta y habrán muchas quienes quieren aprovecharse de eso.

Para concretar le pedí que me escribiera una meta y no fue una sorpresa al ver que fue lo que escribió; ¿puedes adivinar cómo fue su meta?

Si piensas que escribió algo inconcluso y ambiguo estás en lo correcto. Por eso se dice que como haces una cosa, haces todas… Terminé enseñándole en ese momento como debe realizar sus metas para tener éxito, especialmente cuando se está hablando de una operación millonaria no se debe dirigir con sueños ilusos. Un hombre de negocios necesita planes certeros, inteligentes y ambiciosos.

Con todo esto dime *¿tomas decisiones desinformadas o informadas?*

En la segunda historia solo te diré un resumen porque escribiré libros completos sobre cómo mejorar tus ventas y cómo mejorar tu restaurante donde entraré a escrupuloso detalle. Te recuerdo que el tema principal de esta sección es: Decisiones desinformadas.

Aproximadamente hace tres años de la fecha que escribo esto, estaba en excelente condición física, pesaba 82 kilos, con 10 % de grasa, traía una fuerza, condición y agilidad que para mi tamaño impresionaba un poco; el punto de todo esto es que era un gym rat, ósea de esas personas que cada momento libre que tienen lo pasan haciendo algún tipo de ejercicio, y a pesar de que he practicado varias disciplinas halterofilia –levantamiento de pesas– era mi favorita. Yo generalmente soy amigable y cuando juntas eso con horas diariamente en el gimnasio tiendes a ser la persona a la que siempre le preguntan cómo hacer cosas, o les piden ayuda con ejercicios, etcétera. En otras palabras, en mi caso es muy común conocer a muchas personas. Un día –y no recuerdo a qué se debió– conocí a una persona y en la plática mientras hacíamos ejercicio salió al tema a que nos dedicamos, él me dijo que era restaurantero y yo le mencioné que era consultor y coach de negocios, y por iniciativa de él me pidió que visitara su negocio porque quería subir sus ventas.

En el momento accedí porque la persona se veía amable, respetuoso, "buena onda" como dicen; unos lo describirían como humilde y otros como normal. Recuerdo muy bien que ese día estaban cerrados y me pidió que fuera al siguiente a las 4:00 pm. Al realizar la visita me sorprendió el cambio drástico que hizo esta persona, toda mi perspectiva de él cambió en esa reunión.

Para comenzar llegó 20 minutos tarde sin avisar y tampoco se disculpó solo dio una excusa mal hecha. Para mí esa fue la primera bandera roja. Desorganización y mentiras generalmente indican descontrol en los negocios.
Otro detalle para agregar al contexto, su tono de voz cambió al estar en su restaurante; no sé si era una manera de sentirse más que sus empleados y clientes o un raro orgullo de logro, pero el punto es que hablaba con ese tono que solo aparece en las telenovelas del niño creído hijo de papi. No estoy discriminando o menospreciando, simplemente no encuentro otra forma de que se imaginen cómo hablaba.

El punto es que todo su comportamiento cambió; segunda bandera roja. Egocéntrico, prepotente, soberbio, y narcisista por lo general no son buenas combinaciones para dirigir una empresa.

Les comparto todo esto porque es sumamente importante comprender que este tipo de mentalidad, actitud y comportamiento tiene repercusiones en el liderazgo lo que afecta y puede limitar tus metas y tu rentabilidad.
Es bueno tener ego, pero cuando es en exceso y con otras actitudes especialmente la falta de humildad de reconocer que todos saben algo que tú y yo no sabemos y que las cosas se pueden hacer mejor, es cuando te ciegas pensando que eres el todopoderoso, y aún más si has tenido suerte.
Nos sentamos y rápidamente me dijo: "necesito que me ayudes a subir mis ventas, me va muy bien, pero quiero más". Le respondí que por supuesto se puede lograr más, pero se necesitaban hacer varios análisis para determinar que se necesitaba cambiar y mejorar para lograr lo deseado. En respuesta me dijo que no se necesitaba eso, que nomás le dijera que hacer porque estaba invirtiendo mucho dinero en publicidad, pero no veía los resultados.

Le pregunté cuánto gastaba y presumiendo me respondió: $80,000 pesos mensuales en seis diferentes medios, más redes sociales. Le pregunté cómo lo estaba midiendo y me dijo que no se podía medir.

Tercera bandera roja. Si piensa que no se puede medir una cosa, pensará que nada se puede medir.

Continúe preguntando cuál era su estado actual ¿cuánto vendes al mes? Respondió, *"$200,000 y quiero vender $400,000, pero no me muevas nada como trabajo, yo soy el experto en el restaurante y tú nomás enfócate en las ventas".* Cuarta bandera roja de que era mal empresario y jefe o líder. Llegar a conclusiones sin fundamentos y tomar decisiones en base a ellas; pésima forma de dirigir.

No quise ni mencionarle que yo había tenido uno de los restaurantes más lujosos de Hermosillo a mis 25 años, y que a pesar de no ser un chef que ha ganado estrellas Michelin, sé varias cosas de los restaurantes. Por su comportamiento sabía que lo convertiría en una discusión de quién sabe más, entonces tenía que hacerlo despertar y utilicé metas y métricas.

Le mencioné que tiene que realizar estrategias para medir toda su publicidad de lo contrario continuará invirtiendo en medios que no le generan clientes y descuidara los medios que si le generan visitas. Continúe diciendo que si quiere esos $400,000 mensuales necesitaba crear metas determinando su CAC –costo de adquisición de clientes– y su VDV –valor de vida del cliente–. Adicionalmente necesita saber todo del negocio. Le pregunté cuántos comensales podía sentar y ¡no me los pudo decir! Le dije que para subir sus ventas necesita asegurarse de tener metas en el ticket promedio y que sus meseros aprendan a vender. Necesita asegurarse de que los tiempos en la cocina le permitan entregar a tiempo los platillos para que puedan tener alta satisfacción al cliente y les permita tener la rotación adecuada de mesas si quieren tener ese nivel de ventas. Adicionalmente le dije que necesitaba servicio a domicilio propio y no subcontratado y necesitaba el menú especial con los procedimiento adecuados para lograr éxito. Me dijo que era algo muy simple y que no se necesitaba, entonces le respondí que hay platillos que requieren cierta cocción y al volverlos a calentar perderán la consistencia, incluso sabor.

Tienes que tener indicaciones especiales porque no es lo mismo mandar los famosos burros percherones o pizzas a mandar platillos sofisticados, incluso steaks en un servicio a domicilio. Como les dije no entraré a detalle porque están aquí para leer sobre metas y decisiones desinformadas, pero creo que pueden comprender la magnitud de lo requerido para prosperar en altos niveles entonces terminaré esta historia con algo que le dije y no supo a qué me refería entonces esa fue la mayor bandera de que a ese negocio le urgía ayuda. Así como les he dicho a los cientos de clientes que he atendido, le dije a él… **las ganancias no son definidas por las ventas, son definidas por los procesos**, por eso necesitas metas dentro de tus metas y necesitas métricas para tomar decisiones educadas y adecuadas para crecer.

Tuve que explicarle que de nada sirve vender $400,000 si sus gastos serán de $390,000; necesita mejorar sus metas en la reducción de costos, pero más importante en la reducción de pérdidas.

¿Cuánto estás regalando al mes por mal servicio?
¿Cuánto cuestan descuidos e indisciplina?
¿Cuánto se pierde por robos y desorganización en la cocina?
Para lograr altos niveles de éxito necesitan metas financieras y operacionales para tomar decisiones informadas.

En esta última historia se las contaré de manera distinta a las pasadas. No les visualizaré el lugar, las personas o nada de eso, simplemente entraré a los puntos principales.

Me hablaron de uno de los comercios más grandes de mi ciudad y el objetivo era mejorar las ventas y el servicio al cliente; en este caso así como muchos otros lo más común es que me hablen para que brinde una plática motivacional o de ventas.

Siempre me niego a dar pláticas motivacionales, porque sinceramente creo que no les ayudará especialmente en las situaciones por las que me hablan.

Siempre recomiendo que deben de trabajar en sus estándares para después crear metas y planes de acción para lograr lo deseado. Si no se hace esto entonces puede que nomás estén haciendo las cosas diferentes, y los profesionales por lo menos de mi nivel sabemos que diferente no siempre es mejor; de hecho yo siempre digo que *a pesar de que todas las mejoras son cambios, no todos los cambios son mejoras*; y que pueden ir de mal en peor, por eso deben de cuidar el lenguaje y desde un principio tener la misión de mejorar.

¿Recuerdan al principio del libro que les mencioné que no es completamente cierta la frase *lo que se mide se mejora*? Bueno, rápidamente les platicare otro punto de vista.
Si; si se mide y/o se observa algo; se puede mejorar... pero para que se produzca una mejora tiene que haber un estándar, que a mucha gente de calidad se le olvida y otros ni lo saben; lo más importante de todo esto, ¡tiene que haber una acción correctiva! De lo contrario, no es una mejora; podría ser una variación.

Si se trata de personas, no basta con medir el rendimiento; como líder debes guiar a las personas hacia ese comportamiento correcto o una productividad óptima.
Los KPIs no generan resultados... nuestro liderazgo lo hace; así que tomen acciones objetivas.
Después de una larga conversación descubrimos que no estaban midiendo absolutamente nada y aparte que no tenían una forma adecuada de hacer las cosas, entonces aún que hiciéramos metas sin una estructura de trabajo (algo que no se debe hacer) difícilmente se lograrían las cosas porque cada persona tenía una manera de trabajar diferente, había distintas prioridades, órdenes y procesos.

Sin entrar a detalle solo les diré que lo que inició como una solicitud para una platica para alrededor de 70 personas, terminó en un proyecto de más de 18 meses.

Las metas aparte de decirles que hacer y porque luchar, les darán un punto de referencia porque aquí igual que el restaurante y como en cualquier negocio las ganancias no son definidas por las ventas, son definidas por los procesos.

Pueden vender $100,000 pesos en un día, pero sí de esos hay casi $11,000 pesos en devoluciones, 2 % del dinero se perdió por la manejo de la caja, un 35 % se vendió con los mayores descuentos permitidos, y del 52 % restante más del 40 % de lo vendido eran los productos con menor margen de ganancia, ¿crees que realmente estén ganando dinero?

Para que se den una idea del trabajo que hice en esta empresa diseñé 197 métricas para diferentes departamentos y unas de las metas para el departamento de ventas debido a los recursos que tenían era bajar las devoluciones al 6 % en tres semanas y reducirlas hasta un 2 % en ocho semanas.

Las devoluciones en ocasiones no solo implica la cantidad del producto, también hay otros costos como envíos, costos administrativos, tiempo desperdiciado acomodando, e incrementan los riesgos del mal manejo.

Otra de las metas era crear un sistema de atención al cliente para reducir el tiempo con cada cliente, reducir el movimiento innecesario, reducir o eliminar el desacomodo de productos por indisciplina, incrementar el ticket promedio con los métodos de ventas BAT y RAC que son discursos de ventas para vender el producto de mayor costo y ganancia liderando la conversación del cliente.

Todo esto para lograr el objetivo de incrementar el porcentaje de personas atendidas en el día, reducir las personas que se van por el servicio lento y subir las ventas generales.

Entre muchas otras metas también había de educación para que los vendedores conocieran los top 20 productos que tienen mayor ganancia, los top 20 productos con mayor movimiento, los top 20 productos que están por expirar, los top 20 productos y servicios con los que se pueden realizar ventas subsecuentes para incrementar esos tickets promedios.

Como pueden ver son muchas las cosas que se necesitan hacer y la mejor forma de lograr lo que desean y mejorar al hacerlo es estando informado, solucionar problemas, prevenir errores y desperdicios, crear procedimientos y prácticas estándares, crear metas y planes de acción en conjunto con sus métricas para buscar la rentabilidad.

En los negocios medianos y grandes estamos hablando de que se requieren decenas incluso cientos de metas para lograr ser una excelente empresa y en el siguiente capítulo les diré que necesitan medir, les compartiré herramientas y documentos, pero les recuerdo, cada acción que toman los acerca o aleja de sus metas por eso deben tener un plan estructurado y lo más importante es que deben estar muy bien informados.

DESLUMBRADO TE CIEGA Y LIMITA

Esta sección te ayudará si aspiras subir de puesto, si eres un consultor, asesor o coach externo, te ayudará incluso si tienes un puesto directivo y eres nuevo en la organización, y creo que también te ayudará en muchas otras situaciones en el caso que seas vendedor de un producto grande e importante.

Si continúas avanzando en tu carrera laboral llegará un momento donde tienes la oportunidad de trabajar con o para una persona muy importante, y algo que no debes permitir es ser *Starstruck* lo que en Español se traduce a deslumbrado y es cuando conoces a esa persona importante y causa una gran impresión con la cual quedas admirado.

En ocasiones puede ser un directivo de alto nivel de una compañía multinacional con miles de empleados que genera cientos de millones en ganancias; puede ser el dueño de una organización prestigiosa; puede ser incluso solamente una persona con mucho dinero, educada y preparada.

El punto aquí es sea quien sea, tengan lo que tengan, lo único que definitivamente todos tienen en común es que comparten el propósito de las mejoras, y aún que ganen mucho dinero, todas las cosas que hacen pueden hacerse más fácil, mejor, más rápido o más económico/rentable y por esa específica razón te prometo que con metas correctamente diseñadas puedes ayudarles a estas personas.

Les menciono esto porque sé que hay personas que piensan ¿cómo les ayudaré yo a esos gigantes? Y aparte de limitar oportunidades de aprendizaje y crecimiento en el presente, limitan la prosperidad de su futuro.

Hace unos años me hablaron de una empresa multinacional y sabía que era grande, pero eso no me impresionó, tampoco sus instalaciones, lo que definitivamente me apantalló fue cuando conocí a la persona que dirigía todo, y no solo por su forma de ser, pero por su manera de liderar. Él quería ver si los podía ayudar con un tema específico y cuando pregunté sobre la condición actual, esta persona sabía perfectamente su estado, conocía sus números de Recursos Humanos, de sus ventas, sus ganancias, sus costos, su calidad, sus entregas, su inventario, su productividad y su seguridad como ningún otro que he conocido. Es una máquina. Sabía específicamente que tenía y que quería.

Y he conocido a muchas personas muy importantes que han pasado a la historia, pero al estar frente una persona tan preparada, tan determinada, tan enfocada manejando naves grandes definitivamente pasan pensamientos por la cabeza como ¿qué más se puede hacer? ¿Con qué pueden necesitar ayuda? Y la respuesta no solo es con que puedes ayudarlos, sino también es como ejecutarás esa solución. Todas las personas y empresas tienen problemas y cuando agregas a tus conocimientos la habilidad de crear y dirigir proyectos tangibles con resultados positivos es impresionante las puertas que comienzas abrir. En las Startups decimos que no se invierte en la idea, se invierte en la persona, se invierte en la probabilidad de que pueda ejecutar el plan de negocio y tenga las habilidades para adaptarse y sobrepasar las adversidades logrando éxito. Si eres coach o consultor te aseguro que cuando comiences a realizar proyectos donde cobras más de 1 millón de pesos, la cantidad no significa nada, la euforia es en planear, ejecutar y manejar el proyecto y para eso definitivamente necesitas crear metas como te enseño aquí y recordar que no importa que tan chico seas o qué tan abajo de la pirámide jerárquica estés, con un plan correctamente estructurado puedes ayudar a más grandes que tú.

ÉXITO ES TU RESPONSABILIDAD:
MEJORANDO MIS METAS

CAPÍTULO

POLARIS

¿QUÉ DEBES MEDIR?

En esta sección te daré una guía general para las métricas de diferentes áreas; no son todas las que se pueden utilizar, pero te ayudarán a comenzar. Lo diligente es crear tus propias metas y definir cómo medir el progreso y el éxito; recuerda que son dos cosas distintas porque puedes lograr tus 20 llamadas diarias, pero no haber logrado convertir el 30 % de prospectos fríos en posibles clientes calificados; puedes lograr atender 150 personas diariamente en tu tienda, pero un porcentaje de ese grupo no encontró lo que quería, tardaron en solucionar sus problemas o simplemente no estuvo satisfecho con la calidad general de tu servicio al cliente. Puedo continuar dando ejemplos, pero creo que con eso puedes entender la diferencia e importancia de establecer métricas de progreso y definir el éxito para tus metas. No hay orden específico, y si no entiendes unos términos busca mis otros libros para aprender la disciplina o *contáctame*, con gusto te explico para que no necesites leer 100 páginas más, por eso a continuación encontrarás solo la lista de qué medir para los departamentos de ventas, Mercadotecnia, Servicio al Cliente, Seguridad e Higiene, Recursos Humanos, Gerencia y liderazgo.

Antes de comenzar te daré un resumen de que debes hacer.

1. Diseña metas.
2. Determina las métricas.
3. Determina quién, cómo, dónde, cuándo y con qué las medirás.
4. Compra la tecnología necesaria o diseña tu sistema manual.
5. Crea un tablero de comunicación para presentar la información.
6. Estandariza un día y el procedimiento completo para analizar lo capturado y adaptar o corregir la estrategia para crear las nuevas metas.

Ventas:

1. Ventas mensuales.
2. Ventas vs metas.
3. Días para cierres de ventas.
4. Ventas cerradas.
5. Promedio de cierres.
6. Llamadas.
7. Reuniones.
8. Investigar prospectos.
9. Presentaciones.
10. Cotizaciones enviadas.
11. Tiempo de respuestas.
12. Ciclo de ventas.
13. Seguimientos.
14. Número de productos vendidos.
15. Actividad individual (proceso).
16. Devoluciones.
17. Cancelaciones.
18. Promedio margen de ganancia.
19. Oportunidades de ventas.
20. Venta promedio.
21. Top 20 productos.
22. Desempeño de productos.
23. Valor de vida del cliente.
24. Tiempo de conversión.
25. Frecuencia de compra.
26. Ventas por turno.
27. Ventas por sucursal.
28. Ventas por región.
29. Ventas subsecuentes.
30. Satisfacción del cliente.
31. Ventas por crédito.
32. Ventas en efectivo.
33. Ventas por intercambio.
34. Aplicación de estándares.
35. Tipos de ventas.
36. Gastos de ventas.
37. Ordenes realizadas.
38. Ventas brutas.
39. Ventas netas.
40. Rentabilidad.
41. Valor de ventas perdidas.
42. Asistencia de vendedores.
43. Productividad de vendedores.
44. Capacitación de vendedores.
45. Entrenamiento de vendedores.
46. Historial de ventas (años/meses).

Mercadotecnia:

1. Costo adquisición de cliente.
2. Tráfico individual orgánico.
3. Tráfico promocional.
4. Conversión de medios.
5. ROI de medios (individual).
6. Desempeño de productos.
7. MQL (cliente potencial calificado).
8. Valor de vida del cliente.
9. Costo por prospecto.
10. Promociones.
11. Creación de contenido (RRSS).
12. Publicaciones (RRSS).
13. Likes (RRSS).
14. Comentarios (RRSS)
15. Compartido (RRSS).
16. Seguidores (RRSS).
17. Tiempo de compra (e-commerce).
18. Intento de compra (e-commerce).
19. Ventas por canal (e-commerce).
20. Ventas promedio (e-commerce).
21. Costo de ventas (e-commerce).
22. Demo de compras (e-commerce).
23. Cancelación (e-commerce).
24. Abandono (e-commerce).
25. Historial de compra.
26. Tasa de rebote (página destino).
27. Visitas web.
28. Apertura de correos.
29. Tasa de clics en correos.
30. Tiempo consumo de videos.
31. Tasa de llamadas.
32. Tasa de correos.
33. Tasa de comentarios.
34. Tasa de chats.
35. Encuesta de salida.
36. Retorno de anuncios.
37. Ventas mensuales.
38. Ventas semanales.
39. Ventas diarias.
40. Presupuesto de promoción.

Servicio al cliente:

1. Tiempo de espera para atención.
2. Tiempo de entrega.
3. Recepción de cliente.
4. Conocimiento de productos.
5. Habilidad solución de problemas.
6. Solución primer contacto.
7. Minutos invertidos en contacto.
8. Tasa de transferencia de cliente.
9. Problemas.
10. Quejas.
11. Contactos abandonados.
12. Tasa de solución de problemas.
13. Problemas resueltos.
14. Problemas abiertos.
15. Calidad en atención.
16. Oportunidades de ventas.
17. Contactos recibidos.
18. Satisfacción de cliente.
19. Puntuación de promotor.
20. Retención de cliente.
21. Productividad de empleados.
22. Retención de talento.
23. Medio de comunicación.
24. 5S.

Seguridad e Higiene:

1. Inspecciones realizadas.
2. Detecciones.
3. Mejoras.
4. Pendientes.
5. Cuasi accidentes.
6. Accidentes.
7. Incidentes.
8. Condición insegura.
9. Acto inseguro.
10. Demográficas.
11. Capacitación de empleados.
12. Satisfacción de empleados.
13. Tiempo de soluciones.
14. Costo de prevención.
15. Costo de reparación.
16. Costo de capacitación.
17. Costo de incapacitación.
18. Tiempo de incapacitación.
19. Número de incapacitación mensuales/semestral/anual.
20. Frecuencia de lesiones.
21. Tiempo perdido.
22. Áreas de problemas.
23. Comportamiento de empleados.
24. Horas de trabajo.
25. 5S.
26. Actualización de equipo.
27. Mantenimiento de equipo.
28. Averías de equipos.
29. Tiempo extra de trabajo.
30. Ergonomía.
31. Satisfacción del ambiente.
32. Evaluaciones de aptitud.
33. FMEA.
34. Días productivos.
35. Días libres de accidentes.
36. Comunicación de A3.
37. Reuniones de planeación estratégica.
38. Reuniones de mejora continua.
39. Gemba/waste walks.
40. PPE.
41. Ejercicios.
42. Materiales/equipo/compras.

Recursos Humanos:

1. Capacitaciones.
2. Entrenamientos.
3. Inducciones.
4. Costos de capacitaciones.
5. Costos de entrenamientos.
6. Costos de inducción.
7. Entrevistados por vacante.
8. Costo promedio de la entrevista.
9. Duración promedio de entrevista.
10. Duración media de la colocación.
11. Salario promedio.
12. Número medio de horas de formación por empleado.
13. Días de vacaciones por empleado.
14. Retención de talento.
15. Costo de compensación como porcentaje de los ingresos.
16. Satisfacción de la formación de los empleados.
17. Tasa de ausencia.
18. Días de ausencia.
19. Demo de ausencia.
20. Costo de ausencias.
21. Horas extras.
22. Bonos.
23. Satisfacción de beneficios.
24. Productividad de empleados.
25. Satisfacción de empleados.
26. Promedio de antigüedad.
27. Indice de innovación.
28. Tasa de promoción interna.
29. Puntuación de promotor.
30. Costo de fuerza de trabajo.
31. Tasa de rotación voluntaria.
32. Tasa de rotación involuntaria.
33. Calidad de contratación.
34. Tiempo de inducción.
35. Tasa de abandono 90 días.
36. Salidas mensuales.
37. Entradas mensuales.
38. Mediaciones.
39. Conflictos.
40. Acosos.
41. Encuestas de salida.
42. Programa de retención.

Recursos Humanos:

43. Proporción de hombres/mujeres.
44. Competitividad salarial.
45. Gastos de atención médica.
46. ROI por puesto.
47. Formación en cultura organizacional.
48. Número de empleados.
49. Número de contratistas.
50. Número de empleos completos.
51. Empleos medio turno.
52. Tasa de jubilación.
53. Terminación involuntaria.
54. Tiempo promedio para cubrir vacantes.
55. Costo promedio de contratación.
56. Empleados entrenados.
57. Evaluaciones de desempeño.
58. Número de postulantes rechazados por vacante.
59. Conocimiento obtenido por capacitaciones.
60. Empleados que cumplen con los criterios del puesto.
61. Sugerencias por empleado.
62. Tiempo de ciclo para procesar nómina.
63. Tiempo de ciclo solución de problemas de nómina.
64. Tiempo promedio para solucionar conflictos.
65. Faltas administrativas.
66. Amonestaciones.
67. Incidentes.
68. Accidentes.
69. Presupuesto de promoción de vacantes.
70. Nivel de compromiso.

Gerencia y liderazgo:

1. Sesiones 1/1.

2. Supervisión.

3. Delegación.

4. Metas concluidas.

5. Metas pendientes.

6. Retención de equipos.

7. Compromiso de equipo.

8. Mejoras.

9. Motivación de equipo.

10. Retroalimentación.

11. Reuniones.

12. Solución de problemas.

13. Creatividad.

14. Comunicación.

15. Satisfacción.

16. Moral.

¿CÓMO Y CON QUÉ DEBES MEDIRLO?

A este capítulo lo nombre Polaris —conocida como la estrella del norte— porque el objetivo principal es darte un "norte", esa guía para que conozcas hacia donde dirigirte, pero el destino y sus especificaciones las determinas tú.

Como te mencioné en la sección anterior no entraré a capacitarte en cada herramienta ni en la razón por la cual se mide porque siento que a pesar de ser temas directamente relacionados sería como divagar del tema principal de mejorar tus metas al desglosar los puntos de Recursos Humanos o todas las métricas que te he mencionado.

Para mejorar tus metas necesitas por lo menos 10 herramientas base y las usarás en diferentes procesos de tu mejora, algunas las tendrás que usar al mismo tiempo, y otras solo serán periódicamente. Esto es una de las cosas con las que ayudo a mis clientes todos los días para crear estrategias cuantitativas y correctas para poder prosperar y con mucho gusto atenderé tu llamada con cualquier duda o si quieres acelerar tus procesos o incrementar tu crecimiento tal vez estés listo para crear un proyecto conmigo y también lo podemos platicar en una video llamada si gustas.

En este mismo enlace encontrarás mis libros entre ellos Mejorando Como Gerente en el cual te brindo estrategias específicas para mejorar tu liderazgo, tu desarrollo organizacional y tu productividad.

Por último antes de comenzar con la lista, si quieres estas plantillas me las puedes solicitar en contrataciones@franciscoluismarino.com

Sea lo que sea que hagas, lo más importante que te recomiendo hacer es implementar la visualización de datos. Esto sirve para varios propósitos uno de ellos esta relacionado al *visual management* o en Español gestión visual; se necesitan herramientas de comunicación visual para poder ver a distancia y con facilidad que cosas requieren atención; esto por lo general es en complemento con RAG (red, amber, green), es el famoso semáforo donde utilizas el color verde para indicar que todo esta en orden a tiempo y sin problemas; se usa el ámbar (amarillo) para indicar algún criterio como retrasos u otros pequeños problemas que se pueden atender o requiere de atención, pero no urgente.

El rojo se utiliza para llamar la atención a lo importante y urgente. Hay varios criterios, unos lo pueden usar para algo que está detenido, algo que se canceló, algo que requiere soporte ya en ese momento, entre muchas cosas, pero ya tienes una idea.

Otro propósito para utilizar visualización de datos es para facilitar consultas y comprensión de información pasada, presente y futura.

El último y más importante propósito de esta técnica es para agilizar la toma de decisiones de los altos mandos o de quien sea que los utilice.

High level management o gerencia de alto nivel, C suite (CEO, COO, CFO, etcétera) y otros puestos de altos mandos en empresas, gobierno y organizaciones no gubernamentales generalmente tienen muchos pendientes, muchas reuniones, muchas cosas que considerar, planear, dirigir, delegar, inspeccionar, evaluar entre sus responsabilidades y uno de los trabajos para quienes les reportan es ayudarlos para facilitarles la toma de decisiones educadas con información objetiva, real, actual y completa; ayudarlos a reducir errores y comprender el alcance de los problemas o beneficios de las mismas decisiones.

Entre más arriba comuniques debes ser más claro, conciso, concreto, correcto, congruente, cordial y completo. A continuación un ejemplo.

Uno de mis clientes (una empresa multinacional que está en más de 170 países) cuando yo llegué utilizaban la siguiente imagen para ver sus números de RH.

No todas las personas ocupadas pueden tomar buenas decisiones rápidas con información así.

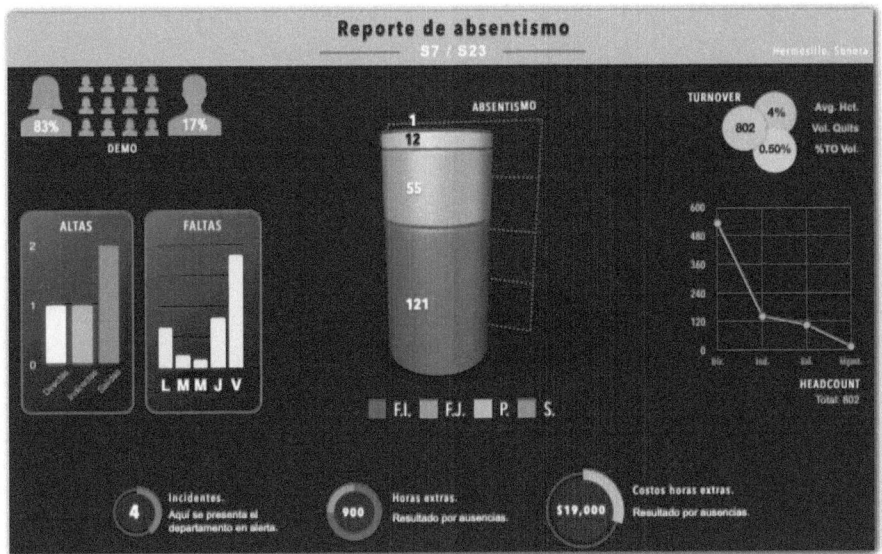

Éste es un documento que formé para en segundos poder identificar problemas y orientar a las soluciones facilitando la toma de decisiones.

En los KPIs que diseñé sabemos rápidamente que generó esta reduciendo la productividad, conocemos que días son donde hay retrasos errores o accidentes por falta de personal, conocemos costos y muchas otras cosas como puedes ver y lo importante aquí no es que se vea bonito, lo importante es que personas que manejan miles de empleados no tarden 15 a 30 minutos para comprender un documento.

En ocasiones el tiempo es el menor beneficio porque con visual management sabemos qué prioridades hay y los problemas se pueden solucionar de manera cuantitativa. Me encantaría platicar todos los otros beneficios y cómo tomar mejores decisiones, cómo identificar y solucionar problemas aunque no seas el experto en la disciplina/área en la que te informan, incluso me encantaría enseñar el modelo SOCRR para vender proyectos y liderar las tomas de decisiones si lo que necesitas es que acepten tus mejoras, pero como te decía, sé que si comienzo no voy a querer terminar y este libro de metas se convertirá en liderazgo, ventas, comunicación y planeación estratégica entonces te repito, busca otros de mis libros, contáctame o invítame a tu empresa para crear un proyecto de rentabilidad y mejora continua integral.

Continuando con las herramientas; las encuestas probablemente serán las que usarás en todas las áreas con clientes internos o externos y como todo, esto por sí solo es un tema sencillo, pero como muchas cosas a la vez es complejo. Digo esto porque conozco (y no es por hablar mal de mis competencias y otros profesionales), pero la verdad es que hay muchas encuestas mal hechas por personas que no dominan la disciplina de comunicación ni la que se quiere para medir.

Crear encuestas correctas, efectivas y cuantitativas no es realizar preguntas ambiguas, generales e irrelevantes al objetivo principal, desgraciadamente conozco de quienes cobran hasta $150,000 pesos por encuestar una organización y crear un plan de acción para "mejoras", pero si las preguntas no son correctas… el plan no será el correcto. Los profesionales de calidad o de comunicación y liderazgo sabemos que si no hay información específica probablemente no sirve la información. Como decía **Séneca**: *"no hay vientos favorables para quien no sabe a dónde se dirige"*.

En mi libro Mejorando Como Gerente menciono que debes ser muy específico con problemas y no dirigir tus equipos con generalizaciones. Evita lo anónimo de nosotros y ustedes. Yo incorporé esto a mi metodología de trabajo porque no me gusta generalizar; cuando dices nosotros, ustedes o el equipo, estás reduciendo el buen trabajo de los que fueron diligentes y efectivos, estas enmascarando el bajo desempeño de una persona en específico. Las cosas se hacen o no se hacen por cosas muy específicas que alguna persona específica hizo o no hizo. No diluyas la responsabilidad o desmotives al que es productivo por miedo a incomodar los sentimientos de una persona.

No digo que seas abusivo, injusto o grosero, pero si no tienes el valor de realizar conversaciones difíciles tendrás un grave problema siendo padre de familia o un líder.

Esto se relaciona porque una encuesta que pregunta ¿qué tan feliz te sientes en la empresa? Es ambigua, hay literalmente cientos de cosas que están metiendo en una sola consideración. Imagínate si te dicen que todos están bien, no sabes a qué niveles y en qué áreas, de igual manera si te dicen algunos que no están felices en la empresa no sabrás porqué. No debes tomar decisiones, retroalimentar y mucho menos reprender con información ambigua.

Debes ser muy específico en todas las áreas que encuestas, desde ¿Te brindó la bienvenida nuestro anfitrión? Hasta ¿Mi superior me pregunta si puedo lograr sus metas y objetivos? ¿Mi superior me ayuda a resolver problemas? Tienes que ser específico y cuantificar todo con diferentes mediciones porque si preguntas ¿Cómo fue el servicio al cliente? No sabes el criterio con el que responden porque si dicen bien yo te pregunto *¿Bien comparado con qué?*

Cada punto se puede medir distinto según las necesidades o estándares, pero algo rápido que te recomiendo es que no utilices encuestas del 0 al 10 especialmente si son para clientes externos. Utilizar ese estilo de encuestas reducirá la cantidad de personas que las respondan completamente, también las que accedan a responder una porción, aparte es muy incomodo considerar 11 categorías de cosas especialmente si son decenas de preguntas. Lo mejor es crear del 0 al 4; puedes utilizar 0 como no existente, 1 para malo, 2 para bajo, 3 para medio y 4 para bueno. Hay muchas pequeñas tácticas que debes aplicar desde que tipo de palabras usar, en que orden, cómo debes cuantificar y que diseño debes usar, pero te recuerdo que todo lo debes pasar a una gráfica para facilitar la toma de decisiones. Encuestas o listas de verificación entre otros resultados de cualquier área y práctica debes transcribir a una tabla de Pareto. Básicamente la ley de Vilfredo Pareto, conocido solamente por Pareto nos dice que generalmente el 80 % de tus resultados son por el 20 % de tus acciones, en comercio el 80 % de tus ventas son por 20 % de tus productos, y así en otras áreas, pero nos indica también en prioridades que si atendemos ese 20 % que afecta el 80 % de nuestros problemas nos permitirá lograr lo que deseamos.

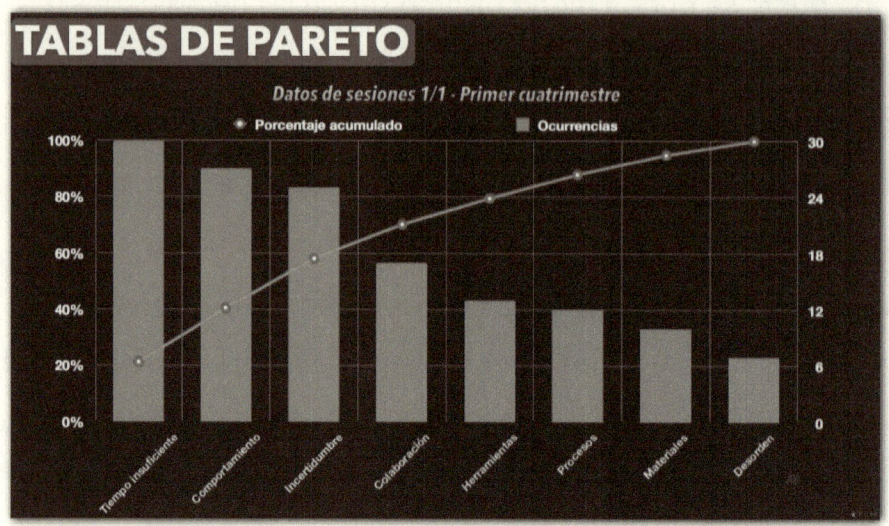

Entonces nuevamente, encuestas, listas de verificación, auditorías, KPIs, y muchas otras cosas utiliza esta tabla para saber que es lo importante y qué se debe atender.

Si estás en servicio al cliente; de las 10 cosas que típicamente se quejan los clientes ¿cuáles son las dos que tienen más puntuación? Atiende esas dos y la mayoría de tus problemas se eliminarán. Utiliza un diagrama de Ishikawa para determinar causas de raíz.

Continuando con las herramientas que debes usar y a la vez continuando un poco con la visualización de datos una que está un poco relacionada es el diagrama de Gantt.

Se los recomiendo por el simple hecho que en ocasiones tienen proyectos o simplemente planes, pero no consideran la importancia de establecer tareas programadas y por no ver una representación visual de cuánto tiempo tomará, pueden tomar decisiones inadecuadas que afectan el logro de las metas.
Yo recomiendo crear un diagrama interactivo, pero uno básico es así.

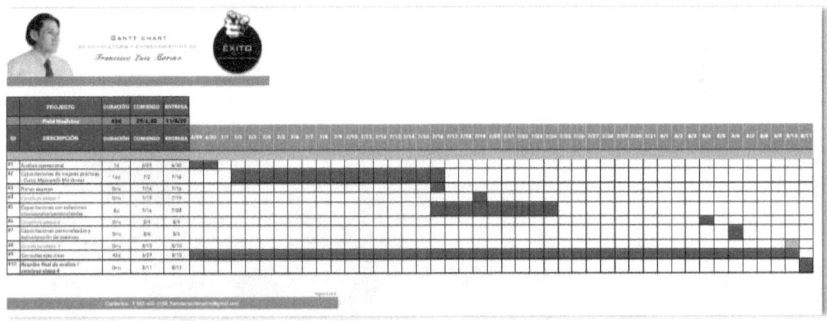

Para terminar te recomiendo tres más, la visualización de los planes financieros o también conocidos como presupuestos de los cuales te hablaré de ellos en el siguiente escrito con un ejemplo para tus finanzas y si lo usas en tu negocio te recomendaría agregar el punto de equilibrio visual junto con la actualización de KPIs.

Hablando de KPIs esa es la última cosa que te recomiendo en esta sección, estos significan *Key Performance Indicators* o en Español, indicadores clave de desempeño y son simples medidas del rendimiento de un proceso.

Negocio chico o grande siempre debes tener información para tomar decisiones ya sea para manejar mejor a tus equipos o mejorar la disciplina propia, así como mejorar algún proceso. En términos sencillos si te pregunto ¿cuántas llamadas hiciste este mes? Tú debes de darme la información rápida y certera. Eso es lo mismo si te pregunto cualquiera de los KPIs que leíste en la sección anterior sobre qué medir, pero para dejarte con un ejemplo sencillo visual, te recomiendo que tengas tableros de comunicación como este.

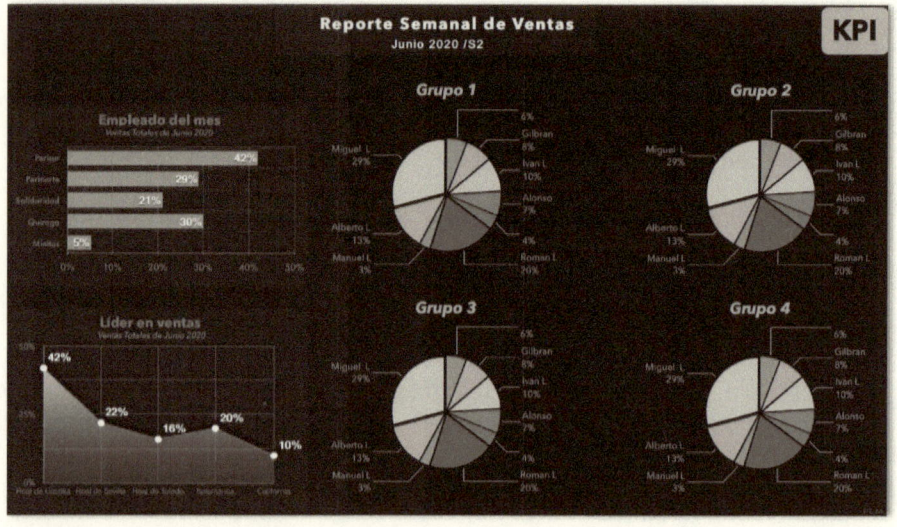

EL VALOR MONETARIO DE TU TIEMPO.

Con todas las personas que he trabajado para incrementar su rentabilidad, mejorar sus finanzas, sus ventas y su productividad, siempre les pregunto ¿cuáles son tus metas monetarias? ¿Cuánto quieres ganar? La respuesta común que recibo es: *"mucho dinero, quiero ser millonario"*. Continúo preguntando ¿Cuáles son tus metas a corto, mediano y largo plazo? ¿Cuales son las diarias? Por lo general las respuestas son vagas demostrando que algunos no saben como lograr lo que quieren, algunos ni siquiera se han hecho la pregunta de qué o cuánto es lo que quieren lograr.

Si tú te sientes así al leer esto definitivamente necesitas volver a leer este libro, porque en este punto ya no debe existir la ambigüedad ni la incertidumbre en tu mentalidad, en tu vocabulario, ni en tu planeación.

Otra manera de eliminar la ambigüedad e incrementar la probabilidad de tus grandes éxitos es saber cuánto vale tu tiempo para poder determinar qué hacer, cuándo hacerlo y qué no hacer. Si no tienes esto difícilmente lograrás mejorar tu toma de decisiones para tus prioridades.

A continuación te daré una fórmula para que comiences a organizar tu tiempo acorde a lo que quieres ganar o el estilo de vida que quieres tener. No puedes crear un negocio multimillonario con una mentalidad y disciplina de salario mínimo.

Al saber cuánto vale tu tiempo será más fácil escoger las actividades y los proyectos en los que participes; tendrás más tiempo libre para hacer lo que quieres debido a que no tendrás arrepentimiento por haber escogido las actividades correctas. Tendrás una perspectiva de las personas importantes y porqué son directas, por lo tanto serás más respetuoso no sólo del tiempo de los demás, sino del tuyo también. Te dará una nueva y mejor perspectiva en toda la vida. Formarás mejores amistades, aprovecharás los momentos para crear mejores relaciones. Tomarás más iniciativas en tu vida amorosa y personal. Podrás enfocarte en lo importante de tu negocio o tus estudios. Siempre ten en mente esto; aunque pierdas todo tu dinero, todos tus amigos, todo lo que aprecias, puedes volver a generar bienes y riquezas; puedes volver a crear nuevas y mejores amistades. Incluso puedes crear una nueva relación amorosa si es lo que perdiste; *lo único que no puedes generar es el tiempo.*

Algo que he visto es que mejorar la gestión de prioridades/ administrar tu tiempo así como lograr metas depende más de tu filosofía de vida y tu mentalidad que tus necesidades. Todos tenemos necesidades, responsabilidades y obligaciones, pero solo el que es decisivo, determinado y disciplinado es el que comienza a ver todo lo que pierde por no seleccionar las actividades que corresponden a su nivel o no seleccionar las que le generarán el resultado que requiere.

Si crees que eres importante para alguien o algo, tu tiempo también lo es; adminístralo, organízalo.

Empecemos a ver cuánto valdrá tu tiempo y necesito que hagas este ejercicio respondiendo solo las primeras tres preguntas, y después lee las instrucciones a continuación para completar la fórmula **DAT[HDT]÷ME=VMT**.

1. ¿Cuánto dinero quieres ganar al año? _____
2. ¿Cuántos días quieres trabajar al año? _____
3. ¿Cuántas horas diarias quieres trabajar? _____
4. ¿Horas anuales por trabajar? _____
5. ¿Valor monetario por hora de trabajo? _____

Multiplica la segunda respuesta con la tercera respuesta. El resultado será la respuesta del número cuatro. Ahora divide la primera respuesta entre la cuarta. Este resultado es el valor monetario de tu tiempo deseado (respuesta del número 5).

¿Estás actuando y pensando equivalente a ese número?

Es muy común especialmente en emprendedores y empresarios que cometan el error de hacer actividades que no corresponden al nivel del resultado deseado. Muchas veces se trabaja *en el* negocio en lugar de *para el* negocio y esto se debe a falta de organización entre personalidades y cualquier hombre competente de negocios sabe que tenemos tres personalidades y como las organices dependerá el éxito o el fracaso de tu empresa.

La primera personalidad que tenemos es el emprendedor, siempre con nuevas ideas, enfocándose en el futuro para programar o anticipar eventos.

La segunda es el contador, siempre enfocado al pasado, analizando y evaluando el personal, las compras y ventas de la semana, del mes o incluso del año pasado con el fin de manejar presupuestos, planear y evaluar entre muchas otras cosas para los reportes anuales.

La tercera personalidad es el operador, quien se enfoca solamente en el presente, trabajando en el negocio. Muchas personas, por distintas ideas y situaciones toman y se han quedado con el papel de operador. No tiene nada de malo hacer cualquier trabajo, no importa si es lavando platos o sacando la basura en un restaurante. Limpiando y barriendo la tienda, incluso entregando personalmente el producto que vendes. No estoy hablando de cómo es visto socialmente, tampoco hablo respecto si es o no tu obligación correspondiente en tu trabajo. Estoy hablando de productividad monetaria. Al tener distracciones o retrasos por actividades no relacionadas a tu productividad ocasiona que no produzcas tu máximo y es la mejor razón por la cual debes contratar y prepararte para dirigir. Es fundamental conocer tu valor por hora, aprender a delegar tareas y evitar desaprovechar el tiempo que en muchos casos causa sorpresas económicas y montañas rusas emocionales. Un ejemplo sencillo es contratar a un asistente personal para encargarse de hacer llamadas, contestar correspondencia, incluso hasta encargarse de las cosas de la vida personal y cotidiana.

Si ganas $1,000 pesos en una hora, pero puedes pagarle a alguien $250 pesos la hora para que haga las cosas que tienes que hacer que no son de prioridad laboral, hazlo.
Si mantienes tus operaciones de la misma manera, sin hacer tanto trabajo ganarás $750 pesos por hora y te permitirá lograr cosas más productivas para generar aún más ingresos en ese mismo tiempo.

Los ricos y exitosos no sólo tienen ayudantes y contratan todo tipo de servicios por lujos. Originalmente y principalmente contratan para delegar y poder producir sus máximos.

Ahora entiendo que puedes decir que vas empezando o que no tienes el dinero para contratar personal o servicios; lo entiendo perfectamente, pero el mensaje que te estoy pasando no es que contrates y delegues todo ahorita ya.
El mensaje que te estoy dando es que dejes de perder o posponer el tiempo con actividades que no beneficiaran a tu objetivo principal.
Algo esencial para reconocer que te ayudará en cualquier tema u objetivo, es saber que *si tú no respetas tu tiempo, nadie más lo hará.*

Planea tus distracciones para que no te distraigas.

Recuerden; no pueden ir a donde quieren ir, quedándose en la situación en la que están, si no ya estarían ahí.

Toma decisiones basadas en tus metas y estándares, no en base a tus emociones y sentimientos. Esto te ayudará en tu negocio o trabajo, también te ayudará a tener un día administrado para lograr el estilo de vida que deseas.

Ahora dime ¿Quieres ser millonario generando $3,000 pesos la hora? O el resultado que hayas obtenido en el ejercicio, dime.. ¿Lo obtendrás desperdiciando el tiempo como lo haces o no dominando las habilidades requeridas para lograr tus metas? ¿Con qué te puedo ayudar para lograr tu VMT?

PLANEA Y MIDE TUS GASTOS PARA CRECER Y VIVIR MEJOR.

Deja de desear tu futuro financiero y comienza a crearlo.
Guía práctica paso a paso para mejorar tus organización financiera.

La mayoría de las personas que conozco dicen querer mejorar su estilo de vida o su negocio, unos por el deseo de obtener beneficios en el presente y otros por la diligencia de su bienestar a futuro. Sin importar en la situación económicamente que estén, el problema de muchos es que no tienen un deseo vehemente de mejorar y esto es fácil de identificar cuando escuchan que deben de conocer perfectamente sus finanzas y necesitan un plan financiero, pero demuestran con gestos o con la falta de ejecución en ordenar esta área. He conocido a muchas personas que les da flojera y no quieren documentar sus gastos y no quieren planear sus presupuestos e inversiones, pero esto implica que al no saber cuánto necesitas cada semana, cada mes o cada año, tarde o temprano realizarás compras que te alejaran de tu meta porque darás prioridad a un sentimiento para manejar tu dinero en lugar de una decisión educada.

En un negocio implica que puedes realizar inversiones innecesarias o incorrectas, y si juntas esto con la falta de métricas pues nunca sabrás si tus inversiones son rentables. No es suficiente decir que quieres vivir mejor, necesitas tener una visión clara de lo que deseas para poder crear una meta realista y efectiva que guíe tus pasos diarios hacia la prosperidad que tanto dices desear. Sin metas diarias, semanales, mensuales y anuales, tus deseos solo serán sueños y tus sueños no pagan tus cuentas; tus decisiones efectivas si.

Deja de desear tu futuro y comienza a crearlo determinando tu punto de equilibrio y tus metas financieras.

No te pido contratar una persona especialmente para esto, tal vez no la necesitas, incluso tampoco te digo que gastes en una subscripción para un servicio; te daré una guía básica y solo te costará invertir un poco de tu tiempo que lo puedes aprovechar descansando y tomando una bebida caliente.

Continua leyendo más pasos después de las fotos.

Los tres primeros pasos sólo tendrás que realizarlos una vez para comenzar, después solo duplicas el archivo y documentas cada mes.

Los pasos 4 y 5 debes realizarlos mensualmente.

Paso 1: Realiza un documento de Excel o Numbers – Mac – (foto 1):

- Inserta tabla con fórmula para sumar los ingresos mensuales y restarles los gastos demostrando la cantidad restante o de diferencia.
- Inserta gráficas de ingresos y gastos, enlaza la primera tabla para visualizar.
- Inserta gráfica para visualizar gastos por porcentaje y categoría.
- Inserta gráfica de visualización de gastos por cantidad y categoría.
- Titula cada documento para detectar fácilmente.

Foto 1 ↓

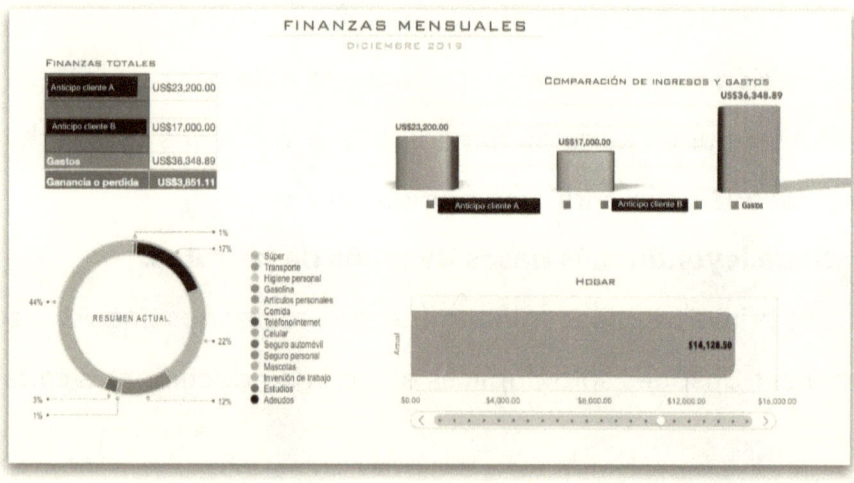

Paso 2: Crea las sección de comparación (foto 2).

- Inserta y enlaza una tabla para la comparación de costo real y presupuesto.
- Agrega reglas o alertas para resaltar en rojo cuando se acabó el dinero, marcar en verde cuando aún hay presupuesto y naranja cuando excediste tu presupuesto.

Foto 2 ↘

SUMARIO POR CATEGORÍA			
Categoría	Presupuesto	Actual	Diferencia
Súper		$4,333.04	($4,333.04)
Transporte		$0.00	$0.00
Higiene personal		$0.00	$0.00
Gasolina		$2,300.00	($2,300.00)
Artículos personales		$0.00	$0.00
Comida		$0.00	$0.00
Teléfono/internet		$0.00	$0.00
Celular		$200.00	($200.00)
Seguro automóvil		$541.00	($541.00)
Seguro personal		$0.00	$0.00
Mascotas		$0.00	$0.00
Inversión de trabajo		$8,758.94	($8,758.94)
Estudios		$161.66	($161.66)
Adeudos		$3,430.00	($3,430.00)
Personal		$2,350.19	($2,350.19)
Hogar		$14,128.50	($14,128.50)
Automóvil		$0.00	$0.00
Médico		$860.62	($860.62)
Agua		$0.00	$0.00
Electricidad		$0.00	$0.00
Gas		$0.00	$0.00
Ahorro		$0.00	$0.00
Otros		$75.76	($75.76)
Total	$0.00	$37,139.71	($37,139.71)

Paso 3.- Crea la sección para capturar la información (foto 3).

- Inserta y enlaza una tabla para el ingreso de información y automatiza para seleccionar su categoría.
- Documenta cada gasto por fecha con su establecimiento, su categoría y su cantidad.
- Crea un menú desplegable –*drop down menu*– para poder seleccionar cada categoría con dos clics.

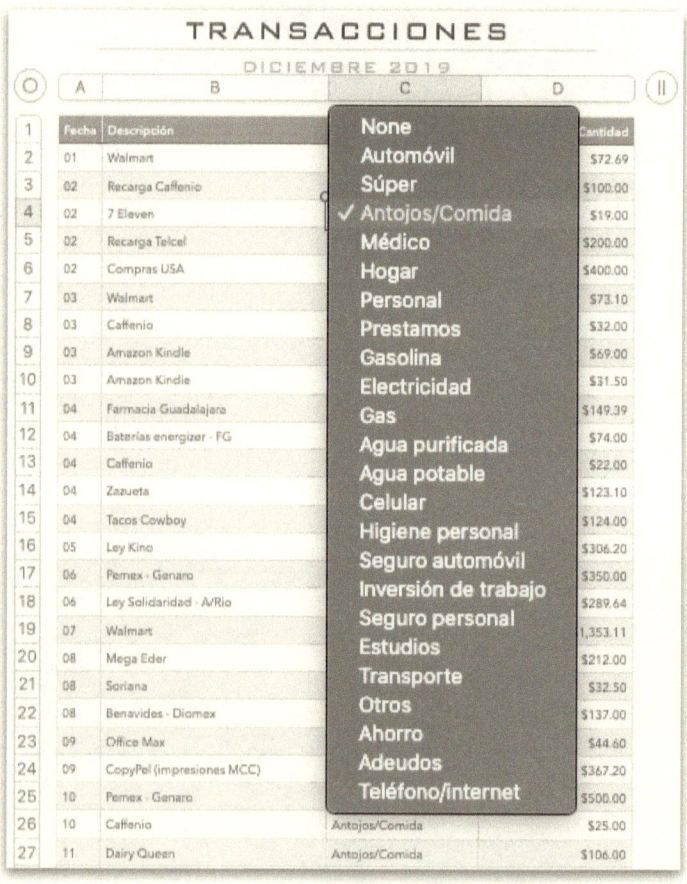

Paso 4: Procesamiento de datos (foto 4).

- Invierte unos minutos cada día para documentar tus transacciones diarias y evitar sobrecarga de trabajo.
- Guarda en sobres señalados por mes todos tus recibos.
- Solicita tu estado de cuenta bancario del mes. Hazlo desde la app de tu dispositivo móvil o desde tu computadora.
- Confirma que cada transacción sea en la cantidad correcta.
- Identifica cargos dobles o que no te corresponden; márcalos y reportalos rápidamente.
- Transcribe cada gasto al documento de visualización de datos.
- Guarda una versión .pdf y el documento original en dos diferentes lugares (nube, memoria usb, dispositivo móvil).

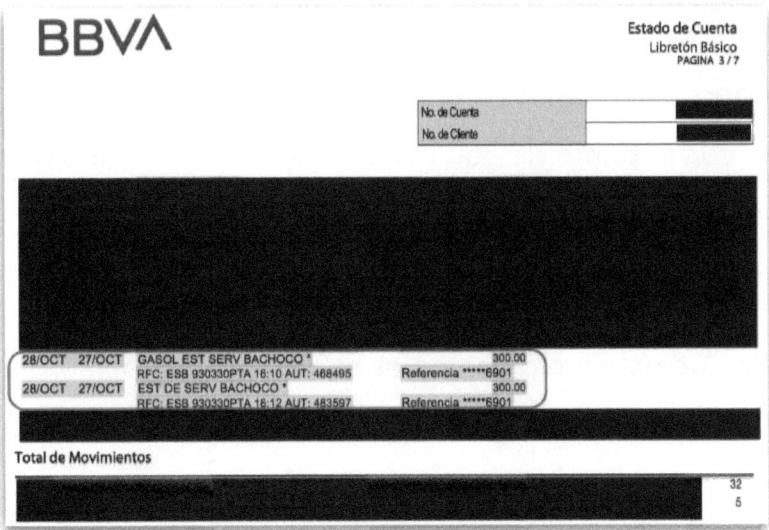

Paso 5: Analiza y planea.
- Aprende las 11 categorías y los tres tipos de metas.
- Realiza metas de vida con las cuales dictarán tus metas financieras.
- Aplica SMART y GROW para diseñar tus metas y planes de acción.
- Evalúa tu progreso mensual y semestral.
- Corrige errores o perfecciona el plan cada mes.

Si realizas estos pasos sencillos serás una persona con mejores valores, serás responsable, puntual, perseverante y lo más importante es que la documentación con las buenas prácticas lograrás seguridad e independencia financiera; lograrás más y mejores metas de vida. Lograrás un futuro próspero.

En tu negocio también requieres realizar estas prácticas en conjunto con tu punto de equilibrio (cuánto es lo mínimo que debes vender para cubrir tus costos mensuales) y mantener métricas para saber si estás logrando tus metas financieras.

Recuerda que para mejorar algo es mucho más fácil evaluar y analizar lo que se mide. Toma mejores decisiones objetivas para prosperar.

Muchas gracias por leer mi contenido; encuentra concisos segmentos de mejora continua en Éxito es tu responsabilidad o en donde sea que escuchas podcasts.

Si deseas que te comparta el documento para tus finanzas, si quieres una corta guía de como crear metas o quieres hablar de temas de desarrollo organizacional o rentabilidad de empresas contáctame, con mucho gusto atenderé tu llamada o tus mensajes en: franciscoluismarino.com

GESTIÓN DE PRIORIDADES 101.

La administración del tiempo te puede ayudar, pero si quieres convertir lo improbable en probable sin duda alguna necesitas dominar la gestión de prioridades porque mientras unos pueden trazar sus días, de nada sirve si no tienes prioridades; especialmente si no eres un profesional de alto nivel. Digo esto porque he visto personas que asignan sus agenda y se ve todo muy bonito en papel, pero a la hora de ir al gimnasio esas dos horas, la mayoría del tiempo no hacen ejercicio porque están platicando, viendo redes sociales o la televisión. ¿Cuál es la prioridad entonces? Y eso pasa igual en muchas áreas, hay personas que van a reuniones a la hora indicada durante el tiempo establecido, pero sus emociones tomaron control y se perdió el propósito de la reunión ¿por qué? Porque su prioridad cambio a platicar de algo no relacionado, o una de miles de cosas que pudieron haber hecho, tal vez iban con el propósito de retroalimentar o de reprender a alguien, pero no pudo hacerlo entonces la prioridad cambió a satisfacer sus emociones evitando un dolor de estómago y eludiendo la responsabilidad.

Tal vez eras un estudiante bueno y seguías reglas, tal vez eras de los que aún que tenía un programa de clases con el horario administrado, perdía el tiempo haciendo cualquier otra cosa excepto aprender.

Pudiera pasar horas dándote ejemplos, pero hay una alta probabilidad que con estos entiendes lo que te quiero decir, pero por si no quedó claro… *no me importa como administres tu tiempo; los profesionales de alto nivel sabemos que no son cuántas horas trabajas lo que importa, porque importa más cuánto trabajo haces en esas horas. Para prosperar siempre piensa y actúa persiguiendo las prioridades de tus objetivos.*

Si realmente quieres mejorar tu gestión de prioridades, tu administración del tiempo, si quieres incrementar y mejorar tu productividad y efectividad en corto y directo te diré que son muchas las cosas que tienes que hacer y aprender para lograr una óptima productividad, y puedes lograr más de lo que te imaginas.

Primero, solo porque has leído este libro o algún otro no significa que ya dominas la creación de metas y métricas con las cuales te ayudarán a darte prioridades, necesitas aprender y comprender todo perfectamente, practicar, practicar y practicar hasta que te canses y solo habrás practicado la mitad de las veces necesarias.

Segundo; mejorar esto es como delegar, lo puedes hacer sin prepararte, pero probablemente será una pérdida de tiempo y se causarán muchos más problemas si hay negligencia.

Así como para delegar y obtener resultados positivos requieres una persona competente, también y más importante requieres estándares, procesos y limitaciones porque si no, vas a delegar algo y porque no hay una manera establecida de hacerlo, lo harán a la manera que otros piensan que es correcto, pero puede no brindar el valor o la calidad que tu cliente o producto necesitan.

Esto es sin entrar a detalle cómo tener mala comunicación afecta tu delegación porque donde hay espacio para asumir, hay espacio para equivocarse, pero esos temas los vemos en mi otro libro de Mejorando como gerente. Otra razón por la que digo que mejorar tu gestión de prioridades requiere muchas cosas es porque dependiendo de las actividades y puestos vas a requerir diferentes prácticas. Por ejemplo, si quieres mejorar algo en una empresa en muchas ocasiones no solo es ver lo que está a simple vista, necesitas conocer y ver lo que otros no ven, conectar puntos no lineales, evaluar riesgos y probabilidades; necesitas hacer cuantitativo lo cualitativo; y si… todo se puede cuantificar si buscas lo suficiente.

En algunos departamentos debes dominar las prácticas porque si no, mientras atiendes una "prioridad" superficial, otras pequeñas cosas que parecían insignificantes se juntan, crean un efecto bola de nieve y terminan siendo un problema que te abruma y en ocasiones te derrota.

En otros departamentos empresariales si no sabes detectar los verdaderos problemas y sus causas de raíz junto con sus efectos y consecuencias, llegará un momento dónde será como si estuvieras en una arena movediza; entre más te mueves, más te hundes, esto pasa comúnmente en vendedores que no dominan las objeciones ni discursos de ventas y entre más hablan, menos venden.

En muchas ocasiones en diferentes industrias las cosas más importantes no son grandes, de hecho pueden parecer chicas e insignificantes, pero son como los engranes de una pieza maestra de un reloj; las cosas pequeñas son las que provocan armonía.

Todo esto tal vez pueda sonar hasta complicado, pero no lo es; lo fundamental que te quiero dejar es que en muchas ocasiones las cosas que parecen más grandes, las más caras o las más rápidas no son las prioridades.

Conoce perfectamente la situación y condición actual, conoce la condición futura deseada, conoce cada entrada y salida de las cosas para tomar decisiones educadas, y en ocasiones podrás solucionar problemas gigantes con una sola roca pequeña. Terminaré esta sección con una rápida historia y si quieres aprender o dominar la detección y solución de problemas así como la gestión de prioridades contáctame a mi correo personal *franciscoluismarino@gmail.com* o márcame directamente al número de México (662) 402-0168. Si quieres obtener recursos gratuitos, mis libros, conocer mis servicios, mis contactos, o escuchar mi podcast y continuar mejorando tu liderazgo y tu rentabilidad, visita franciscoluismarino.com

Siempre incorporo la filosofía, metodología y las herramientas de Lean Six Sigma, Kaizen y Genchi Genbutsu a todas mis capacitaciones, a todas las áreas, disciplinas e industrias y en la historia a continuación te brindará un ejemplo de la importancia de aplicar el diagrama de Ishikawa –conocido como el hueso de pescado–, los cinco porqué, entre otras cosas, pero el objetivo es que veas lo que te dije sobre *muchas veces lo obvio no es la prioridad.*

En el monumento de Jefferson memorial en Washington, DC, en los Estados Unidos de América, había un problema debido a un gran número de aves que lo ensuciaban con su excremento y creaban una experiencia muy desagradable para los visitantes.

El equipo de limpieza del parque comenzaron a limpiar con los productos normales para solucionar el problema, pero cada día incrementaba la cantidad de aves que habitaban el lugar hasta el punto donde tuvieron que contratar más personas para la limpieza, pero el problema continuó e incremento entonces cambiaron nuevamente la estrategia y comenzaron a cerrar más horas el lugar turístico para poder limpiar, pero esto aparte de no solucionar el problema causaba disgustos en los turistas e incrementó el costo operacional (nóminas).
Continuaron ciegamente a solo atender el problema que tenían enfrente de ellos y nuevamente cambiaron la estrategia, comenzaron utilizar químicos de limpieza industrial lo cual incrementó costos en la adquisición de artículos adecuados para la aplicación de los químicos, la capacitación del personal, así como el EPP (equipo de protección personal) requerido, y por lo fuerte de estos productos de limpieza tuvieron que cerrar aún más horas el lugar.

Y lo más importante es que después de unos meses no solo habían gastado más de $400,000 dólares sin solucionar el problema, los químicos industriales estaban dañando el monumento histórico lo que significa un problema aún más grande.

Por no conocer prioridades y cómo solucionar problemas provocaron más, y fue cuando tuvieron que contactar a un experto de mejora. Esta persona aceptó el trabajo y compró un boleto de avión y al día siguiente estaba frente al monumento en sus grandiosos y famosos escalones evaluando la situación, y su prioridad no era atender un síntoma o lo que tenía frente a él, se enfocó a comprender el problema y solo hizo una pregunta muy simple. ¿Por qué este específico monumento atrae tantas aves en comparación con otros? Con un poco de investigación descubrieron lo siguiente: Las aves eran atraídas al monumento debido al exceso de arañas que son un manjar para las aves. Las arañas eran atraídas por los mosquitos e insectos que anidan ahí. Y los mosquitos e insectos eran atraídos porque les gusta hacer nidos y reproducirse en lugares con un tipo de luz y en ese monumento encendían las luces una hora antes de caer el sol, lo que causaba que a los insectos les encantará ese lugar por el ambiente luminoso.

Se solucionó el problema físico y económico aplicando el acrónimo que uso y les recomiendo usar; **KISS** –*keep it super simple*– o en español, mantenlo súper simple.

Tomaron la decisión de encender las luces después del atardecer y esa hora de diferencia arruinó el ambiente para los mosquitos e insectos lo que provocó que buscaran otro lugar. Sin mosquitos, no hay arañas; sin arañas, no hay aves; sin aves no hay excremento; si no hay excremento, no hay necesidad de limpieza tan seguido ni con fuertes químicos y no se necesita evitar que los turistas visiten el lugar.

Dime: ¿Tú seguirías atendiendo el problema obvio o ya tienes la habilidad de resolverlo desde la raíz? ¿Con qué ojos ves las cosas? ¿Cuáles son las prioridades de tus metas y de tus acciones?

31 DÍAS DE ORIENTACIÓN DIARIA DE METAS

D1 MMM
CREA KPIS RESPONDIENDO ESTAS PREGUNTAS.

Cada cuatrimestre debes hacer un análisis de cuáles son las mejores cosas que has hecho, cuáles son las cosas en las que tienes que mejorar y qué cosas debes dejar de hacer para optimizar tu Marketing e incrementar tu rentabilidad. Me sorprende como muchos profesionales no implementan correctamente el diseño, planeación y ejecución de metas. Muchos no saben si realmente mejoraron o lograron algún objetivo en específico porque solamente se enfocan en objetivos grandes, pero hoy les voy a dar una guía general relacionada a sus ventas, publicidad y Mercadotecnia.

Pregunten ¿Cuántos prospectos obtuvimos este año? ¿Cuántas ventas tuvimos este año relacionadas a esos prospectos? ¿Cuánto fue nuestro costo de conversión de prospecto a cliente? ¿En cuánto tiempo se logró convertir al cliente?

¿Qué porcentaje de ellos han realizado compras subsecuentes y en qué productos, en qué cantidades y en qué fechas?

También pregunten ¿qué estrategia se utilizó para atraer esos clientes?

Analiza si están aplicando por lo menos 4 métodos de Mercadotecnia y también analicen si todas las estrategias y campañas están alineadas con la misión y visión de la empresa (recuerden que no son unos cuadros para olvidar en la pared, se debe vivir en todo lo que hacen). Hay muchas empresas que se hacen llamar de Mercadotecnia, pero conozco que si les preguntan qué es Mercadotecnia no saben responder. Por eso si tu proveedor no está realizando campañas alineadas a tus objetivos principales como son tu misión y visión o tu mantra, debes analizar si negocios es algo que debes dejar de hacer con ellos.

D2 MMM
IDENTIFICA Y MIDE TUS PROBLEMAS PARA SOLUCIONARLOS.

¿Te has quejado de tu situación económica, pero cuando recibes dinero tienes una inquietud por gastarlo? Tus metas financieras tienen que ser como tus metas laborales, porque si no son realistas te afectarán más de lo que te ayudarán, y si no son alcanzables y no tienes la disciplina junto con las estrategias correctas, tú solo te preparas para fallar. Una de mis herramientas de trabajo es DMAIC, lo que en Inglés significa Define, Measure, Analyze, Improve and Control y se traduce a: definir, medir, analizar, mejorar y controlar. Es un proceso para solucionar problemas y crear mejoras, pero requiere buscar la raíz o causa de los problemas, entonces hoy quiero que hagas un rápido ejercicio. Escribe el último error económico que cometiste, un ejemplo, algo que compraste, pero realmente nunca has usado, o puede ser que no compraste algo que necesitabas y causó otro gasto. Después describe la razón de ese error, por ejemplo: por compras compulsivas, falta de organización, estado emocional, etcétera.

Ahora mide cuánto dinero has desperdiciado en lo que va del año por compras innecesarias, mide cuánto esta afectando que no logres tus metas importantes y mide cuánto te afecta emocionalmente tener este problema de gastar en cosas innecesarias y detener tus planes.

Analiza posibles errores como comprar el súper sin una lista o no tener un calendario de costos programados que causan mayores gastos y diseña un plan para prevenir esto y haz un compromiso para mejorar tu comportamiento aplicando prioridades antes de placeres para controlar tus finanzas con el acrónimo KISS. Comienza hoy con tu seguridad financiera y evita montañas rusas emocionales para controlar tu dinero y no ser controlado por él.

D3 MMM
PARA SER MEJOR LÍDER DEBES SER MEJOR PERSONA.

Es importante tener planes y metas, pero hoy no te voy a pedir que hagas metas porque primero debes definir claramente cuáles son tus prioridades. Algo que he visto mucho en nuevos emprendedores como en empresarios experimentados es que tienen un pensamiento donde valoran más la idea de *"sé diferente y que no te importe lo que otras personas digan"*, pero el problema de eso para ambos es que se ciegan a las posibilidades o los problemas que ellos conocen; pero una persona verdaderamente inteligente y sabia busca, analiza y valora las opiniones, las recomendaciones o las decisiones de otras personas que ven lo que ellos no pueden ver, que saben lo que ellos no saben. Se dice que los viejos sabios prefieren ser felices a tener la razón. Les menciono esto porque sé que hay muchas personas que necesitan comenzar a escuchar y aplicar lo que otras personas les dicen específicamente para mejorar sus situaciones. Hay personas que deben dejar de ser quienes son porque no les ayudará a prosperar y una muestra de eso es no estar donde piensas o deberías de estar.

Ya sea que estás planeando cómo vivir mejor este año o simplemente quieres comenzar a mejorar hoy mismo, es muy importante que analices con cuidado, tu humildad, tu tolerancia y tu resiliencia porque en los nuevos mercados o con la gran competencia profesional no puedes mantenerte rehén a mirar las cosas de una sola manera. Define qué prioridades tienes para tu desarrollo personal ¿debes controlar tus prejuicios y escuchar más? ¿Es más importante practicar la humildad y aceptar que se pueden hacer mejor las cosas? Para lograr prosperar ¿es más importante ser objetivo que emocional?

D4 MMM
LOS DESPERDICIOS SON COMO ROBO HORMIGA Y TE GANARÁN.

Todo negocio tiene desperdicio y cuando hablo de desperdicios no me refiero materiales o químicos específicamente, me refiero a los ocho desperdicios identificados en *LEAN* y esos son: transporte innecesario, defectos, movimiento innecesario, inventario innecesario, exceso de producción, espera, exceso de procesos y no aprovechar las mentes de la organización. Si sus vendedores de mostrador no tienen una estrategia de ventas van a estar entrando y saliendo de la bodega lo cual pierde tiempo y causa desgaste, si las herramientas de trabajo no están en su lugar es un desperdicio de tiempo buscarlas constantemente. Hay negocios que por no tener una estrategia de compra terminan con inventario innecesario el cual no solamente tienen capital detenido, pero en ocasiones genera riesgos de trabajo por mal acomodo o pérdidas por mal cuidado del producto.

Si son desordenados y con falta de coordinación pueden tener un excelente equipo que trabaja a buena velocidad, pero si tienen personas que causan "cuellos de botella" todo el esfuerzo de ese equipo se detendrá para esperar y eso es un desperdicio. Hay acciones y decisiones que se pudieron haber estandarizado para crear un flujo de trabajo, pero por políticas de la empresa detienen el trabajo para esperar a ser autorizadas y eso también es un desperdicio. Sé que en estos pocos segundos no dominarás identificar y arreglar los ocho desperdicios, pero hoy comienza identificando cuáles de estos están causando tu baja productividad y crea metas para solucionarlos o contáctame para mejorar tus prácticas y tu empresa.

D5 MMM
REALIZA ESTE PROCESO ANTES DE COMPRAR INVENTARIO.

M**uchas** empresas necesitan comenzar a comprar con inteligencia para crecer y perdurar, entonces la próxima compra extraordinaria que quieran realizar soliciten tres cotizaciones de diferentes proveedores, realicen un historial de ventas para conocer realmente cuánto es el promedio de producto que saldrá mensualmente para realizar un pronóstico de venta y junto con los costos de promoción analizar el retorno de inversión, porque cada compra es eso, una inversión. No deben tener productos que se tardarán mucho en vender, no deben tener dinero parado con el cual podrían hacer más y mejores cosas, no deben perder tiempo cuidando, acomodando o limpiando producto que no tiene una alta demanda. Les recuerdo que un comprador siempre compra por sus necesidades, no las del vendedor, entonces la próxima vez que sus proveedores los contacten para ofrecerles alguna promoción o un nuevo producto no importa que tengan una relación de 20 años, analicen qué y para qué compran, cuánto les costará y cuanto verdaderamente ganarán.

Y por supuesto algo muy importante es crear metas y un plan de acción para vender ese producto en el tiempo determinado para poder lograr la ganancia deseada y esto significará capacitación para el personal, prevención de problemas para reducir devoluciones, y promoción publicitaria. ¿Me pueden decir cuántos miles, decenas o cientos de miles de pesos tienen en productos en sus bodegas o pasillos con baja probabilidad de venta? Para crecer y perdurar compren inteligente y maximicen sus ganancias reduciendo sus desperdicios y estandarizando sus procesos de compras.

D6 MMM
ALGUNAS COSAS CAUSAN EL ÉXITO Y NO SON EL RESULTADO.

H**ace** poco impartí un taller de organización y productividad, estábamos viendo metas y cuando nos fuimos más allá de simplemente escribir en un enunciado la meta cumpliendo con las bases de SMART, les enseñé un método para evaluar y analizar si sus metas eran realmente alcanzables y realistas. Todos se dieron cuenta que no lo eran; el beneficio de eso fue brindar una oportunidad para identificar los problemas que evitaban lograr sus necesidades y se comenzó a crear soluciones para eliminarlos y lograr sus objetivos.

Hubo una persona que dijo no necesitar hacer análisis, evaluaciones o tener una estructura de trabajo y que los que hacen análisis y evaluaciones para sus planes los hacen porque son negocios grandes. Respiré profundamente, lo miré directamente a los ojos y le dije: no lo hacen porque son grandes, son grandes *porque* lo hacen.

Shigeo Shingo dijo que el desperdicio más peligroso es el desperdicio que no reconoces.

Entonces todos deben analizar hoy si están desperdiciando una oportunidad para mejorar un proceso, si están desperdiciando una oportunidad para analizar acciones y resultados para anticipar problemas. Básicamente, ¿qué oportunidad estás desperdiciando hoy por pensar que no eres lo suficientemente grande, "profesional/formal" o importante?

D7 MMM
PARA CRECER DEBES ANTICIPAR Y SER PROACTIVO.

Muchos no logran sus ventas porque no conocen todo lo requerido para lograrlo. Vender es sólo una pequeña parte del proceso de ventas, muchas personas quieren enfocarse solamente en las técnicas de ventas, de cierre, o de publicidad, pero quien ha dirigido equipos saben perfectamente que un obstáculo que tienen es la administración del tiempo porque quieren lograr más sin mejorar sus rutinas. También saben que muchas ventas no se logran por las limitaciones personales del vendedor.

Si él toma decisiones por perjuicios o perspectivas incorrectas no venderá todo lo que puede vender. Si el vendedor no sabe brindar un buen servicio al cliente y atender las necesidades del mercado también limita las ventas. Los grandes gerentes de ventas saben que capacitar a su personal no es suficiente, también tienen que ayudar a formar a su personal y esto se logra con delegación, supervisión, coaching y liderazgo lo cual cada supervisor o gerente debe de capacitarse para mejorar el desempeño de los individuos en los equipos.

Si capacitas a los vendedores, pero no los supervisas y no los evalúas, entonces aún que hayas cuidado tus centavos será una mala inversión porque no mantienes la calidad.

Lo que deben hacer hoy es imaginarse que han recibido la mejor capacitación y que un mes después siguen sin lograr sus metas entonces ¿qué obstáculos van a impedir que logren lo que desean? Necesitan comenzar a planear estratégicamente y comenzar a ser sabios para prevenir o aprovechar cosas anticipando situaciones.

Anticipa, planea y sobrepasa porque el éxito es tu responsabilidad.

D8 MMM
¿CUÁNTO NECESITAS MEJORAR TU DEPARTAMENTO DE RH?

Para los cientos de miles de personas que no me conocen, no soy coach de vida y tampoco de ejercicio físico; soy un kaizen coach o en español entrenador de mejora continua y si me brindas tu atención y aplicas lo que te recomiendo te ayudaré a mejorar tu desarrollo organizacional, tu liderazgo y gerencia, y lo más importante, te ayudaré a mantener e incrementar tu rentabilidad. Hace unos días descubrí que una empresa local con casi tres mil empleados ha tenido y sigue teniendo muchos problemas con su personal, incluso está invirtiendo varios millones de pesos en solucionarlo; lo malo es que con las personas que platiqué que están encargadas de atender eso, para ellos el tema del desarrollo organizacional, liderazgo efectivo y la mejora continua es algo nuevo, y en una conversación se admitió que con las recomendaciones que regalo en mis redes sociales pudieron haber prevenido situaciones indeseadas.

Hoy quiero que programen una reunión con RH para realizar una planeación estratégica con la cual reducirán o eliminarán su alta rotación de personal lo cual genera baja productividad y altos costos.

Identifiquen si manejan el negocio con diligencia y definan nuevas áreas de oportunidad urgentes para obtener más prosperidad y solo necesitan responder esto ¿Conocen los KPIs de RH? ¿Indican el porcentaje y costo de rotación? ¿Indican las causas de insatisfacción laboral? ¿Indican el costo de capacitación? ¿Indican una traducción de productividad cuantitativa? ¿Regreso de inversión por individuo? ¿Costo y porcentaje de absentismo? Debes tener metas para atender esto y debes tener por lo menos 40 métricas si quieres ser una gran organización. ¿Qué te falta medir?

D9 MMM
QOQF —QUÉ OCASIONARÁ QUE FALLE—.

¿Sientes que lo que haces no es suficiente o no ves progreso? No te des por vencido solo porque tardarás en lograr algo. Reconstruir puede generar un sentimiento abrumador, pero recuerda que para crear la cimentación más estable y fuerte tienes que darle el tiempo adecuado a cada cosa, y si no ves progreso a pesar de tu trabajo lo más probable es debido a dos cosas. La primera es que no tienes metas claramente definidas con su plan de acción, por lo tanto no estás midiendo tu avance y por eso no lo ves. O tienes razón en que lo que haces no es suficiente. Recuerda que solo porque puedes lograr una meta no significa que debas hacerla porque puede no ser una prioridad. Una de las formas más sencillas de atender esto es que te preguntes cada día y en cada meta ¿qué ocasionará que falle? Se claro con lo requerido, concreto para comprender la importancia y correcto porque si no eres sincero, tú mismo te limitas; un ejemplo es ¿cómo no seré productivo 8 horas en mi home office?

Puedes responder: tener Netflix de fondo, no tener un horario agendado, no tener mi espacio adecuado, no tener descansos, etcétera.

Si lo que está en esta lista es lo que haces la mayoría del día no te sientas, pero no lograrás tus metas, por lo menos no lo harás en el tiempo o en la manera adecuada.

Considera esto: no te preocupes por los problemas que no tienen solución porque no puedes hacer algo al respecto, y tampoco te preocupes por los problemas que tienen solución, porque *puedes hacer algo al respecto*. Anticipa tus obstáculos y soluciónalos antes de que te afecten.

D10 MMM
NO BAJES LA GUARDIA Y CONTINÚA CON AMBICIÓN.

¿ ¿Qué meta necesitas lograr para ganarte un descanso? Sólo porque trabajas desde tu casa no significa que puedes cambiar la prioridad de algunas cosas. Tal vez tu lugar de trabajo cambió, pero tu horario no; mantén tu régimen porque cada día que continuas puedes provocar malos hábitos de trabajo. No seas del 38 % que bajó drásticamente su productividad por preferir comodidad y distracciones. Hay quienes piensan que pronto regresará todo a la normalidad —escribiendo esto en medio de la pandemia—, pero no consideran que algunos puestos se quedarán remotos para bajar costos en electricidad, en equipos de cómputo, en seguridad, en uniformes u otros artículos de branding porque aunque paguen igual, los costos operativos definitivamente serán menores. Mi punto es que no afectes tu futuro pensando que ya no necesitarás aprender como trabajar desde casa. No tengas videos de fondo. No te quedes en fachas todo el día, vístete normal porque afectará tu estado de ánimo y puedes perder oportunidades al no querer recibir videollamadas con una mala presentación personal.

Mantén tu agenda y tus metas. Así como a todos los que les gusta leer tienen un espacio para hacerlo, asígnate un lugar para trabajar de preferencia que no sea tu habitación. No uses redes sociales o WhatsApp para comunicarte con tu equipo, utiliza algún otro medio especial. Si crees que en tu trabajo actual no necesitas mejorar, lo necesitarás en otro empleo y dime ¿cuántas veces has cambiado de trabajo en los últimos cuatro años?
Tu ambiente de trabajo no define tu ética laboral, y cualquier trabajo remoto sigue siendo un trabajo para un profesional ¿lo estás siendo?

D11 MMM
¿CUÁLES SON TUS METAS FINANCIERAS?

Sabes cuál es la diferencia entre ricos y pobres? ¿Entre los ganadores y perdedores? ¿Entre los líderes y seguidores?.. Es aceptar la responsabilidad personal, aceptar que el éxito es su responsabilidad y nadie más es el culpable por sus adversidades. Corrigen rápidamente para obtener los resultados deseados y no se quedan en una espiral tóxica pensando porque les pasa las cosas a ellos, o pensando que su mundo se acabó. Especialmente si son personas que obtuvieron sus logros por su inteligencia y no por suerte, saben que pueden volver a comenzar de cero y volverán a tener lo que tenían, y en ocasiones hasta más; y hay algo que facilita todo esto, incluso puede garantizar su prosperidad económica y eso es la planeación.

Repite esto hasta cansarte y habrás repetido la mitad de las veces necesarias para prosperar: *si fallas en prepararte, te preparas para fallar.*

Un ejemplo es cuando llega la fecha para pagar algo y no tienes el dinero; la mayoría de las veces es porque tus prioridades no tenían orden.

En lugar de tener un plan en conjunto con disciplina y un gran deseo de tener seguridad financiera, preferiste asistir a un evento social, realizar una compra impulsiva; y no fue la mala suerte en la ruleta o el grupo de amigos que te hicieron gastar dinero. *Fue tu decisión de poner en riesgo tu situación económica.* Si quieres lograr libertad financiera primero asegura tu seguridad financiera planeando todos tus compromisos y comprométete a ellos. Si continuamente ahorras o inviertes lo que te queda, continuamente tendrás inestabilidad económica, entonces planea y gasta sólo lo que te queda después de ahorrar e invertir.

D12 MMM
¿QUÉ HARÁS CON TU TIEMPO DE SOBRA AL ORGANIZARTE?

No siempre se puede lograr mejoras de la noche a la mañana. En ocasiones es como un tratamiento, se toma tiempo y puede ser aburrido para algunos. Esto es algo que una clienta comprendía y respetó lo cual le ayudó a lograr mejorar su administración del tiempo. Comenzamos a trabajar juntos hace unos meses y al principio ella tenía una mentalidad escéptica a la idea de que aplicando el método de las 5S junto con un plan de metas y entrenamientos iba a mejorar su carga de trabajo. Cuando comencé a eliminar desperdicios en su agenda comenzamos a crear una estabilidad, porque en sus palabras *era un caos* y así no se puede trabajar con eficiencia. Creamos un plan, se ejecutó durante una semana y al finalizar estudiamos con información recaudada, que funcionó y que necesitaba mejorarse. Adaptamos lo que se necesitaba, analizamos nuevamente las prioridades y se repitió el proceso semanal.

Dentro de un mes estaba logrando los resultados necesarios con mucha facilidad, cero estrés, creó un mejor ambiente de trabajo, y lo más importante para ella; liberó tiempo en su agenda para su familia.

Quiero dejarte con dos reflexiones y esas son: *todos podemos mejorar drásticamente nuestras agendas y disfrutar o lograr más, y no todo tiene que ser con un pensamiento positivo, pero no debes limitar tus posibilidades por prejuicios.*

¿Qué desorganización de tu lugar de trabajo o en tus procesos están afectando que no tengas flujo en tu trabajo?

¿Te interrumpen para pedir información que no es crítica y repetitiva?

¿Cuál es el mejor orden de tus actividades para no generar desperdicios?

¿Y qué calidad debe tener cada actividad para tener flujo?

D13 MMM
PREGUNTAS PARA TUS PLANES DE ACCIÓN.

Vamos hacer un rápido y sencillo ejercicio para que comiences a mejorar tu vida y tu trabajo desde hoy mismo. Si vas conduciendo o estás operando maquinaria pesada no hagas este ejercicio (suponiendo que escuchas el audio libro) o toma las precauciones necesarias. Quiero que voltees a tus alrededores y dime ¿cuántas cosas rojas ves?.. Una vez más voltea a ver tus alrededores y dime ¿cuántas cosas azules ves?.. Ahora sin voltear dime ¿cuántas cosas blancas viste?.. Lo más probable es que no puedas responder a esa pregunta y esta bien porque simplemente no estabas buscando ese color, pero viste lo sencillo que es enfocar tu atención a algo con una simple pregunta y rápidamente cambiar tu enfoque a otra cosa con otra pregunta. Eres lo suficiente inteligente para enfocar tu atención a lo que quieras con facilidad, solo recuerda que al momento de crear tus metas es fundamental que practiques un pensamiento donde estás abierto a analizar lo objetivo, lo emocional, lo positivo y lo negativo para que no olvides ver varios aspectos y tomar mejores decisiones.

Puedes comenzar por realizar las siguientes preguntas antes de decidir tus metas y planes de acción: ¿Qué información tengo?
¿Qué supongo con esa información?
¿Porque pienso que funcionará mi proceso?
¿Porque no funcionará lo que planeo?
¿Qué más puedo hacer para asegurar mi logro? Y después enfócate en que es lo correcto, no en quién está en lo correcto. Nunca tomes una decisión importante sólo observando un solo color. Adapta y sobrepasa si es necesario, pero analiza todo para crecer rápidamente porque el éxito es tu responsabilidad y no debes limitar tu mentalidad.

D14 MMM
¿QUÉ METAS PUEDES LOGRAR AL MEJORAR TU COMUNICACIÓN?

En una comunicación efectiva nunca debes ser ambiguo porque si hay espacio para asumir, hay espacio para equivocarse. ¿Alguna vez has estado en la situación donde un empleado no cumplió con tu expectativa y su respuesta fue: *"yo pensé o yo te entendí que así lo querías"*? ¿Has asignado tareas o metas y al momento de rendir reportes descubres que hicieron el trabajo incorrecto?

Hace unas semanas una persona que se convirtió en un cliente cometió este error cuando asignó a un grupo de ocho la tarea de crear ideas y estrategias para incrementar sus ventas, pero al revisar los resultados descubrió que las ideas no eran las adecuadas y las estrategias ya se habían aplicado y no eran las necesarias. ¿Sabes cuánto dinero le costó ese error de mala comunicación? Desperdicio 48 horas de trabajo, y una nómina de alrededor de $40,000 pesos. La comunicación no solo falla al ordenar o crear metas, también he visto que hay fallas al capacitar, al reprender, incluso al celebrar y el más común, falla al momento de coordinar.

Entonces para ayudarte a reducir costos, mal ambiente de trabajo o ayudarte a ser más efectivo identifica dónde tienes errores de comunicación, busca quien te ayude a mejorar tu comunicación efectiva o puedes comenzar buscando mi libro Mejorando Como Gerente, pero crea metas profesionales para mejorar esto lo antes posible. ¿Cuántos errores se han cometido por no dominar tu comunicación?

Obtén recursos gratuitos, mis libros, conoce mis servicios, mis contactos, escucha mi podcast y continúa mejorando tu liderazgo y tu rentabilidad visitando: **franciscoluismarino.com**

D15 MMM
TAMBIÉN NECESITAS PEQUEÑAS METAS AL DELEGAR.

Pocas empresas invierten para mejorar y mantener buena comunicación; a unas no les gusta invertir en sus miembros de la organización quienes les generan sus ganancias. Algunas piensan que les ha ido bien y no necesitan esto y otras simplemente no conocen cuánto les puede generar o cuánto les cuesta. He conocido muchos profesionales que presumen de su experiencia, pero no son diligentes al dirigir a sus equipos y eso causa que no logren su óptima producción o efectividad. Si quieres mejorar tu liderazgo y productividad al dirigir y delegar pon atención a lo que instruyo.

Primero: **confirma la comprensión,** después de dar tus instrucciones pregunta: "Manuel, ¿quieres que volvamos a repasar tus (deberes, actividades, tareas) una vez más, o ya comprendes perfectamente todo? El segundo paso: **establece tus expectativas.** Una expectativa no comunicada es solo un pensamiento. Asegúrate de usar las herramientas de comunicación que te he enseñado en estos segmentos. Ahora, una vez que la persona confirme que comprende lo que enseñaste o pediste, establece las expectativas.

Modifica las palabras a tus necesidades, pero mantén la estructura de este ejemplo: *"Manuel, concuerdo que comprendes perfectamente lo que necesitas hacer, cuando y como hacerlo; por lo tanto mi expectativa es que a partir de hoy podemos trabajar sin tener que repetir lo que acabas de comprender y aceptar".* Tercer paso: **inspecciona lo que esperas.** Termina la conversación mencionando esto: "continuaré inspeccionando tu trabajo (específica cuándo y cómo lo harás) para asegurarme que lograremos nuestras metas con éxito.

D16 MMM
¿CÓMO SON TUS METAS Y KPIS DE SERVICIO?

ⓘ Quieres mejorar tu empresa y lograr crecimiento?

Solo necesitas enfocarte en una sola cosa y sonará tan sencilla, pero al momento de practicarla muchos fallan porque tienen al personal incorrecto o las herramientas inadecuadas.

Si quieres crecer mucho y rápido necesitas enfocarte a reproducir los óptimos resultados una y otra vez con cada miembro de tu equipo en todo lo que hacen.

Necesitas replicar cómo logran las metas, cómo se comunican efectivamente, cómo logran ese excelente ambiente de trabajo.

Necesitas replicar el resultado que tu cliente necesita para convertirse en un fanático de tu marca.

Dime, ¿alguna vez has visitado un restaurante por segunda ocasión y la comida no sabía igual, el servicio no coincidía y simplemente no eran los mismos estándares que te gustaron en la visita anterior?

Eso puede deberse a varias cosas, desde no tener un manual operativo, la falta de implementación de tal manual, puede ser solamente por falta de organización y supervisión; pueden ser muchas cosas, pero al final del día no se enfocaron en reproducir la excelente calidad día tras día; cliente tras cliente.

Hoy solo te pregunto ¿Ya sabes quién se quedará con tus clientes cuando tú falles en reproducir tus óptimos resultados? O ¿cómo te estás preparando para ofrecer un producto sin variaciones en el servicio?

D17 MMM
¿CUÁL ES TU RAZÓN PARA MEJORAR RÁPIDAMENTE?

Una persona siempre hará más para evitar una pérdida que para obtener una ganancia. Ese es uno de los sentimientos intangibles que experimentas al ver videos motivacionales donde a una persona le dicen que se morirá o que perderá algo y es entonces cuando comienza a vivir una vida extraordinaria y si tú has batallado lograr tus metas o deseos te aseguro que una gran parte se debe a que aún no tienes un porqué claro y tan importante que influya en tus decisiones y te motive a tomar acción. Y si juntas eso con una mala planeación y la falta de organización pues entonces continuarás como has estado… con sobrepeso, sin dinero suficiente para mejorar tu estilo de vida, sin tiempo suficiente para disfrutar a tu familia o tus adquisiciones, tal vez en tu trabajo seguirás igual soportando las malas practicas de tu personal.

Sea lo que sea, aún no estás harto o aún no captas lo que puedes perder y por eso el porqué no es suficiente para influir en mejorar tu comportamiento.

Antes de desperdiciar horas el fin de semana, pregúntate ¿qué oportunidades perderé si no mejoro la administración de mi tiempo? ¿Si no mejoro mis prácticas laborales o si no mejoro mis prioridades?

Comienza con tu porqué debes mejorar y después avísame cómo puedo ayudarte.

Te recomiendo leer mi libro Mejorando mi desarrollo personal en el cual te aseguró que te brindará una perspectiva de prosperidad aunque ya estés en un buen lugar; en ocasiones tienes que mejorar tu vida fuera del trabajo para mejorar en el trabajo. Encuéntralo en: ***https://www.franciscoluismarino.com/tiendademejoracontinua***

D18 MMM
INCREMENTA EL LOGRO DE TUS METAS.

 Sientes ansiedad o estrés porque no has logrado lo que deseabas?

Tal vez has hecho todo lo planeado y estás en lo correcto en sentir esa presión, pero en muchas ocasiones he visto que son presiones innecesarias que causan molestias y también te causan que limites tus avances por enfocarte en lo que pensabas que ibas a lograr. Ahora ¿Cómo puedes evitar o reducir esos sentimientos innecesarios que han causado que desistas de tus planes? Si eres un profesional o una persona seria entonces si has planeado y no sólo deseas, por lo tanto no necesitas hacer algo nuevo o distinto, solo necesitas hacer un poco mejor tu planeación de metas, porque no solo estás creando algo inalcanzable, lo más seguro es que no estás midiendo o inspeccionando diariamente ni correctamente. *As a lean practitioner I inspect what I expect.* Eso significa que inspecciono lo que espero. Muchas personas cometen el error de sólo fijarse en el resultado final y por no crear una estrategia simple, pero efectiva para inspeccionar y asegurarse de mantenerse en curso se enojan, se molestan o se sienten mal por no llegar al destino deseado.

Los aficionados crean metas y los profesionales creamos metas y planes de acción inteligentes para evitar errores y desperdicios. ¿Cuál eres tú?

Recuerda esto... tus proyectos siempre se atrasan por la duración de las metas que no has inspeccionado, ósea si era un trabajo de un mes y solo lo inspeccionas al final, puede que necesites comenzar de nuevo y perderás ese mes, entonces revisa pronto y recorta ese exceso de trabajo y espera.

D19 MMM
LOS PEQUEÑOS PASOS LOGRAN TU GRAN VIAJE.

Una de las razones por la cual algunos no logran sus metas es porque no atienden la planeación como una solución de problema y eso causará que repitas tus errores que limitarán tus avances porque cuando una persona solo se enfoca en el resultado positivo tiende a cometer el error de querer organizar primero lo distante en lugar de lo que tiene a la mano.

Quieren lograr éxitos donde son débiles y olvidan fortalecer sus fuerzas. Usaré el ejemplo más común con el que muchos pueden relacionarse.

Supongamos que quieres bajar de peso y siempre que intentas es la misma, el famoso rebote pasa, creas excusas, culpas la falta de motivación y dices que no puedes hacerlo, pero ¿Qué no estás atendiendo que deberías atender ahorita antes de que logres tu modificación de conducta, tus disciplinas y tus resultados?

¿Cuál es el verdadero problema?

El problema es que no estás convencido, no estás comprometido a adaptarte a los nuevos estándares.

Simplemente no lo quieres lo suficiente y un ejemplo de eso es que sigues comprando comida que no te beneficia, sigues comiendo en exceso, los platos y vasos de tu casa son gigantes y sigues sirviéndote mucha comida; prefieres satisfacer un sentimiento de estrés o ansiedad con un pastel o un café con una inmensa cantidad de azúcar, o un cigarro o una cerveza en lugar de algo saludable.

Es lo mismo que ocurre en las capacitaciones, si no quieres mejorar no importará a cuántas asistas si continúas realizando pequeñas malas prácticas que afectan tus resultados, entonces si quieres mejorar y lograr algo primero mejora tus pensamientos y con ellos mejorarás tus acciones las cuales te brindarán los resultados que deseas. ¿Qué necesitas solucionar para prosperar?

D20 MMM
ERES EL PROMEDIO DE LAS CINCO PERSONAS CON LAS QUE CONVIVES.

Un problema muy grave es preferir fallar con un halago, que crecer con una crítica constructiva. Si te preguntas ¿cómo ayudará esto a mis metas financieras? Tus finanzas son definidas por cómo piensas y como actúas, por eso es muy importante mejorar tu círculo de influencia porque tienes tres clases de amigos y como te reten y brinden retroalimentación influye directamente en la calidad de vida que tienes. Las clases son: Viejos amigos *(personas que conoces hace muchos años)*. Amigos de mantenimiento *(son personas con las que hablas o convives unas veces al año solo para mantener viva la relación)*. Amigos de crecimiento *(son personas con las que quieres y debes pasar más tiempo porque creces junto con ellas, se retan entre sí, y te mantienen a un nivel superior de estándares convirtiéndote en una mejor persona)*. La influencia que tienen tus amigos en tu vida merece ser analizada, porque tu presente y futuro merecen obtener prosperidad y abundancia en todos los ámbitos. Hay amigos con los que te sientes cómodo y seguro, pero cómodo en la mayoría de las ocasiones no te permite crecer ni mejorar. La pregunta es ¿con quién convives? Y también necesitas preguntarte ¿de quién necesitas alejarte para lograr más metas?

El ego ha derrotado y evitado más sueños y superaciones personales que cualquier enfermedad; no dejes que tu ego te aleje de amistades que te permitirán crecer o te mantenga con amistades que no generan frutos. ***Recuerda que no todo el que te critica es tu enemigo y no todo el que te halaga es tu amigo.*** La negatividad es relativa y tú eres lo suficiente inteligente para aprender y crecer de una crítica de tus amigos de crecimiento. ***Escoge amistades cuyos comportamientos sean mejores que los tuyos.*** ¿Qué amistades afectan tus finanzas y tu prosperidad? ¿Qué personas te empujan a lograr mejores metas?

D21 MMM
UNA BUENA DECISIÓN NO SIEMPRE ES LA MÁS BONITA.

Al buscar trabajo tampoco debes de cegarte a lo positivo porque te limitas solo a eso, por eso hoy les platicaré un poco sobre un cliente. Esta persona trabaja para la compañía más centrada en el cliente y uno de sus sueños desde joven ha sido trabajar en la compañía más grande de computadoras, y hace poco tuvo la oportunidad de hacerlo, pero por tomar decisiones apresuradas y por solo ver lo bonito de la situación se cegó y no analizó como le afectaría en su carrera profesional porque significaba degradar su puesto y sueldo actual de $241,000 pesos mensuales, por solo $191,000 que el otro puesto ofrece. Ahora, vamos a suponer que tú estás en esa situación. Ok, lo positivo, cumplirás tu sueño, tendrás excelentes experiencias y lo que quieras, pero ahora para tomar decisiones como un adulto y profesional responsable debes analizar lo que no quieres. ¿Quieres o no quieres aplazar tus metas financieras, ya sea la compra de tu casa, de tus inversiones o de tu retiro? ¿Quieres reducir el estilo de vida que tienes o brindas a tu familia?

¿Quieres desaprovechar los avances laborales que has logrado en una compañía para comenzar a intentar algo nuevo en otra? Si dijiste sí, dime: ¿Qué consecuencias tendrías tú y tus familiares?

Mi punto aquí es si te crees inteligente, si te crees con experiencia y si tienes responsabilidades, siempre analiza qué es lo que no quieres porque en ocasiones es más importante de lo que piensas que es.

Si tomarás una decisión grande ¿estás analizando objetivamente para determinar si los pros son mayores a los contras y que no afecte tus metas principales? ¿Has confirmado que aún quieres y valoras ese sueño?

D22 MMM
¿QUÉ TE PREGUNTAS AL COMENZAR UN CICLO O UN AÑO?

Quieres diseñar tu estrategia personal o laboral para el siguiente año, pero no sabes por dónde comenzar o que considerar?

Es sencillo, pero para algunos no es fácil, por eso hoy te daré unas preguntas que debes hacerte para comenzar a diseñar tus nuevas metas.

Recuerda que si no mides será un poco más difícil mejorar porque no sabrás cuál fue tu punto de partida, no sabrás si tuviste avances y cuáles fueron los mejores. Simplemente mantener mediciones es una manera de documentar objetivamente las situaciones y los resultados para poder tomar decisiones efectivas en tus nuevas oportunidades y facilitar las mejoras, entonces no esperes al fin de año para comenzar y pregúntate hoy mismo:

¿Cuántas metas asociadas para mi prosperidad logré este último año?

¿Qué no logré?

¿Específicamente por qué no lo logré?

¿Qué necesito para obtener un resultado positivo en lo que no he logrado?
¿Qué se me olvidó hacer? ¿Y por qué?
¿Qué error no debo cometer este año?
¿Y qué implica si no corrijo ese error?
¿Cómo puedo mantener o mejorar mi comportamiento?
Sé sincero y honesto con tus respuestas porque no impresionas a nadie y solo afectarán tu futuro.

Si tu vida no es lo suficiente importante para planearla, entonces será desviada por cada falta o mala decisión tuya y por las prioridades de otros. Diseña las tuyas y no dejes tu prosperidad a la suerte, crea tu destino.

Por último recuerda esto; el plan no será todo por factores externos a ti, pero planear si lo es; si las cosas cambian adapta tu plan, pero no dejes de planear para determinar tus recursos, tus prioridades y tus acciones.

D23 MMM
CREA METAS EN EQUIPO PARA CRECER MÁS RÁPIDO.

Desear lo mejor y prepararte para lo peor es algo que también debes hacer al diseñar tus metas. Muchas personas son desesperadas y creen que analizar y planear no es importante, pero por no anticipar muchos pierden más tiempo corrigiendo, y en algunos casos algunos por no anticipar terminan reduciendo sus ganancias por tener que reaccionar a situaciones que pudieron haber controlado. Hoy quiero recordarte seis preguntas fundamentales para mejorar el diseño de tus metas y la creación de tu plan de acción.

La primera es *¿Qué resultado buscamos?*

Se claro, muy específico y asegúrate escribir la información completa.

Segundo, pregúntate *¿cuáles son los límites de la meta?*

Es importante saber que quieres y que no quieres para no desperdiciar recursos y sobrepasar límites que terminarán afectándote.

La tercera pregunta es ¿*Qué obstáculo esperamos?*
Aprovecha tus conocimientos, tus experiencias y la de tus miembros del equipo para prepararte y programarte y ser el astuto que anticipó y salió ganando.

Después pregúntate *¿que han intentado anteriormente tú u otros en esa situación?*

Luego pregunta *¿Qué resultados se obtuvieron y cómo evitarás lo no deseado?* Por último pregúntate *¿Qué puedes hacer para asegurar tu logro?*

Todo esto es sencillo y si lo haces con todo lo que te he enseñado anteriormente te aseguro que puedes lograr mucho más de lo que te imaginas, y si necesitas ayuda, contáctame. Te dejo con esto, cuando estés analizando estas preguntas con tus equipos, enfócate en que es lo correcto y no en quién está en lo correcto; todos saben algo que tú y yo no sabemos.

D24 MMM
PARA NUEVOS RESULTADOS HAZ NUEVAS COSAS.

¿No logras terminar tu trabajo diario y tu lista de cosas por hacer solo crece y crece? Hoy te daré una forma para mejorar tu productividad, pero primero considera esto: *lo que no apuntas, tal vez no se hará,* porque te distraes fácil, acostumbras atender los asuntos de otros, y al no establecer metas para darte algo porque luchar y mantenerte comprometido simplemente cuando estás listo para hacer una nueva tarea harás algo irrelevante e innecesario porque simplemente no quieres hacer tu lista.

Si eres una persona que no puede mantener un régimen estricto el método del sobre es para ti. Escribe cada cosa que necesitas hacer en un papel diferente junto con el tiempo que crees necesario, un ejemplo es: *contactar a Alejandro de "X" negocio para ofrecer mis servicios de marketing. Tiempo necesario 4 minutos,* y mete todos esos papeles en un sobre. Cuando termines una tarea, sin ver los apuntes, saca del sobre una nota y sea lo que sea; haz eso.

Una de las razones por la que tu lista es tan grande es porque eludes la responsabilidad o tus ánimos seleccionan tus tareas, pero de esta forma si decides hacerlo te obligará a realizar cosas de tu lista sin la limitación de tu decisión por escoger que atender en ese momento.

Te daré una última recomendación por si el sobre tampoco te sirve porque no tienes la fuerza de voluntad para realizar esa práctica. Otra razón por la que tu lista sigue creciendo es porque hay una porción que ya no te importa y volver a programar no te ayuda, entonces borra y vuelve a escribir cambiando el objetivo; en lugar de tener escrito "leer libro X", escribe aprender a vender con libro "X"; establece objetivos en todo lo que haces para incrementar el logro de tus metas.

D25 MMM
TUS ACCIONES DEBEN SER MÁS GRANDES QUE TUS PRETEXTOS.

El significado de éxito es distinto para cada individuo, pero lo que comparten las personas no exitosas con las exitosas en varios casos son las limitaciones que cada uno interpone en su mente.

No sólo me dirijo al enfoque empresarial, también al social y al personal. Si pudieras vivir tu vida de nuevo ¿qué mejorarías, qué sacrificarías?

Cual sea la respuesta, lo que demuestra es que nuestras acciones y reacciones sólo son la punta del iceberg. Significa que hoy, ahorita, tenemos el poder de ser más grandes, tenemos la capacidad de mejorar para que nuestro pasado no se convierta en nuestro futuro.

Si hoy tus amigos comienzan a salir y piensas posponer tu ejercicio o estudios para otro día, o sea la situación que sea, no te limites por otras personas, haz lo que tú tienes y debes hacer.

No importa que sólo dediques 30 minutos a ejercicio, buena alimentación, trabajo, educación, lo que sea; eres ese poco más fuerte hoy por decidir hacerlo.

Recuerda que cada acción te acerca o te aleja de tus metas o deseos.

Atiende tus prioridades antes de los placeres. Con una excelente organización de agenda y aplicación de *LEAN* puedes lograr hacer más de lo que has visto posible.

¿Qué limitaciones estás poniendo en tu mente que afectan los resultados de tu vida?

D26 MMM
UNA PERSONA CAMBIA CON MUCHO CONOCIMIENTO O DOLOR.

El tema de hoy es una reflexión la cual te ayudará a conocer y comprometerte a tus valores porque la vida es un constante cambio y tus metas de corto, mediano y largo plazo deben ser actualizadas y modificadas frecuentemente, no solo al final de cada mes, cada cuatrimestre o cada año nuevo.

Es el momento de la verdad, ¿quieres trabajar sin la ansiedad de que no lograrás tus fechas de entrega?

¿Quieres reducir tu estrés por no lograr lo que deseabas?

Y la pregunta más importante ¿Estás dispuesto hacer lo que muchos no hacen para tener lo que muchos no tienen?

Necesitas aceptar lo malo y decidir que ya no quieres vivir de esa manera.

Apunta en un papel siete cosas de las cuales estás harto. Esa hoja quiero que la pongas en el espejo donde te lavas los dientes, en específico a la altura de tus ojos. Por lo menos tres veces al día, todos los días, verás lo que tú decidiste dejar atrás para dar los pasos diarios a tu futuro ideal. ¿Qué dirá tu lista?

¿Estás harto de no tener suficiente dinero?

¿De no tener con quien disfrutar de los atardeceres?

¿Estás harto de que no te escuchen en tu trabajo?

¿Estás harto de no cerrar ventas?

¿Estás harto de que la ropa no te quede?

¿O que no puedes hacer actividades físicas?

Escribir la lista puede ser fácil, sencillo, pero si tú no haces las cosas, ¿quién esperas que baje los kilos por ti?

¿Quién esperas que cuide lo que quieres?

Y la pregunta más importante: ¿Qué enseñas a tus familiares o trabajadores al compartir tus quejas o deseos, pero no enseñar tu responsabilidad por tu éxito?

Dime de que estas harto y veremos qué prioridades puedes y debes tener.

D27 MMM
FILOSOFÍA Y DISCIPLINA LE GANARÁ A UN MAL DÍA.

Algunos de ustedes no saben que tengo una campaña de beneficio social, pero por lo pasados tres años (2020 actualmente) he sido voz experta en temas de negocios en 17 medios de comunicación como periódicos, revistas y televisión y en estaciones de radio donde brindo estrategias y tácticas para mejorar la rentabilidad de quien escuche. Esta semana estaba contestando preguntas del público y la pregunta de hoy la hizo Lucía y ella quiere saber si tengo malos días y de qué forma me motivo para no caer en un estado depresivo. Para todas las personas que están leyendo y no han logrado sus metas por un estado de ánimo, necesito que presten mucha atención, incluso que estén listos para apuntar porque les daré la estrategia de los exitosos y la razón mediocre que limita a muchos. Existe una regla y tres pasos. La regla es pensar bien las cosas y hazlas bien. Los exitosos crean resultados debido a las acciones basadas en sus decisiones. El primer paso del exitoso es decidir qué hacer y cuándo hacerlo.

El segundo paso es sin importar cómo se sientan cumplen su compromiso; y su tercer paso es crear el resultado deseado.

La mayoría crea resultados debido a las acciones basadas en sus sentimientos, dicen que harán algo, pero su sentimiento momentáneo afecta la decisión para tomar acción y entonces deciden no crear el resultado deseado y terminan con emociones que no le benefician. Lucía, te diré que todo es difícil antes de ser fácil y la gratificación instantánea ha impedido más sueños y logros que cualquier otra cosa. No afectes tu futuro "por un mal momento" y siempre aplica la regla para poder lograr tus metas y avanzar a la prosperidad.

D28 MMM
PARA CRECER ATIENDE LAS CAUSAS NO LOS SÍNTOMAS.

La pregunta de hoy es de Carlos, él es un comerciante y dice que le va bien económicamente, pero quiere crecer y siente que está estancado por la competencia y quiere saber cómo puede incrementar sus ventas rápidamente.

Carlos, entiendo tu pregunta, pero no concuerdo que debas buscar una solución rápida para tu situación. Si quieres vender más rápidamente haz una venta de verano con los productos que tienes más tiempo sin vender, pero buscar una solución rápida es como las dietas donde las personas bajan 10 kilos y después suben 15. Necesitas tomarte el tiempo para crear una estrategia de ventas, marketing, servicio al cliente, y de compras.

Carlos dime: ¿si lograras tus metas estás seguro que no volverás a cometer los errores que te han mantenido estancado? En los negocios nada es una coincidencia porque todo es una consecuencia. Tal vez si modificas lo que no estás haciendo correctamente puedes solucionar tu problema de ventas, pero entonces la pregunta no sería como vender más rápidamente, necesitas preguntarte ¿qué está impidiendo mi flujo de ventas?

¿No tienes KPIs para medir tu servicio al cliente o la calidad y efectividad del proceso de ventas?

¿No tienes procedimientos de calidad?

¿No tienes sistemas en tus prácticas?

Es muy fácil culpar a la competencia, el mercado o la economía, pero lo diligente es tomar responsabilidad por tu falta de estandarización, por tu falta de liderazgo, supervisión, formación de equipos y por falta de innovación estratégica. Si estás estancado es porque no tienes las metas correctas entonces recuerda que el éxito es tu responsabilidad por eso necesitas las mejores prácticas, no las más rápidas. Si vas a solucionar algo, asegúrate que se quede solucionado.

D29 MMM
PEQUEÑAS METAS PERSONALES TE AYUDAN A PROSPERAR.

ma la vida que vives y vive la vida que amas es una frase de Bob Marley.

Yo te pregunto ¿estás viviendo tu vida como si fuera una degustación o estás pasando tus días en automático?

Necesitas saborear pequeños momentos que te ayudarán a tener un día más alegre y una mente más determinada a tus metas diarias.

Decir intencionalmente, puedo sacar a mi mascota es mucho mejor que decir *tengo que sacar a mi mascota*.

Entonces ¿amas el café recién tostado y molido en las mañanas? ¿Amas la energía que logras al correr tus 15 minutos diarios?

Las cosas pequeñas ayudan más de lo que te imaginas. En mi caso me ayuda mucho lograr mi meta de leer 30 minutos diarios porque incremento mis conocimientos, mejoro mis perspectivas y eso me ayuda ser mejor en mi trabajo y en consecuencia me ayuda en mi vida personal. No digo, *tengo que leer,* porque aprecio esos minutos donde me relajo y disfruto de un té por eso te digo

si cuidas tus momentos, tus días se cuidan solos. Si cuidas tus días, tus semanas se cuidan solas y así sucesivamente.

Tal vez no necesitas hacer cambios drásticos para lograr un poco más de alegría y felicidad día a día, solo necesitas lograr tus pequeñas metas diarias basadas en las cosas que amas para lograr energía, motivación y autoestima.

Avísame cuales son tus metas diarias con las cuales disfrutas tus días y te ayudan a crecer. Me puedes encontrar en Twitter, Facebook, Youtube e Instagram como @coachluismarino, en LinkedIn como Francisco Luis Marino o visita directamente mi página web: **franciscoluismarino.com**

D30 MMM
METAS SOLO SON EL 10 %, EL 90 % SON TUS ACCIONES.

Pocos entienden que el control es fuerza. Muchos quieren levantar las pesas más pesadas, otros quieren ser millonarios sin tener la cimentación adecuada. Es la misma inconsistencia e incongruencia que muchos practican al querer realizar metas demasiado grandes. En términos más sencillos, muchos quieren una mejor vida, pero no tienen el mínimo control de sus decisiones y acciones. Pregúntate y responde esto: *si tuviera control de mis impulsos y de mis necesidades por gratificación instantánea ¿cuánto mejor sería mi vida?*

¿Tendría menos deudas?

¿Mejor cuerpo? ¿

Mejores relaciones?

Puedo seguir preguntando, pero tú sabes que si no controlas tus pequeñas decisiones, no importa que "estés motivado", no harás lo importante cuando necesitas. Un débil cae en la tentación de los malos hábitos y quiere compensar actuando como que es fuerte y rápido saltándose pasos importantes.

No te desesperes si caminas lento, no todo el que va rápido o hace mucho sabe a dónde se dirige, y la "competencia" solo te copiará hasta dónde ellos puedan.

Sigue creando, sigue creciendo; no todos pueden con tu ritmo, tu calidad o tu eficiencia. Solo recuerda lo que le digo a mis clientes; siempre entrena primero tu mentalidad y después tus habilidades para tener control y prosperar.

¿En qué necesitas tomar más control? Y ¿a quién necesitas pedirle ayuda para orientarte y empujarte a lograr lo que deseas lograr?

D31 MMM
MUCHO NO ES SUFICIENTE; NECESITAMOS AÚN MUCHO MÁS.

Pensé en terminar con una frase que inspire las mejoras para el nuevo mes, pero sé que les ayudará más una reflexión. En éste punto por lo general muchos están contentos por haber terminado el libro, por haber avanzado más de un mes mejorando sus metas, pero realmente lo que debes analizar es *¿estás orgulloso de todas tus acciones y comportamientos de este pasado año?* No es suficiente los puntos generales, debes ver cada detalle en todas las áreas, por eso te pregunto *¿estás orgulloso de tu puntualidad, de tu habilidad para escuchar, de tu habilidad para comunicar?*

¿Estas orgulloso de tus prácticas con todos tus empleados o colegas? ¿Estas orgulloso de cómo has administrado tu dinero, tu tiempo con tus amigos tu familia y tu trabajo?

¿Estás orgulloso de tu carácter y tu comportamiento hacia las personas que amas?

¿Estás orgulloso de tu comportamiento cuando tienes problemas? Para todas las respuestas que dijiste, si, *¿crees que sean lo suficientemente bueno para inspirar a otros?*

Si has respondido que no son lo suficientemente buenos para inspirar a otros y estar orgulloso de ello, la última pregunta que te haré es *¿qué estás dispuesto a dejar de hacer para comenzar a trabajar en lo que necesitas para obtener lo que deseas?*

Todos tienen la fuerza para comenzar de nuevo o mejorar algo por eso no olvides crear metas para tu superación personal porque siempre debes estar trabajando para estar orgulloso de tu vida en todos los niveles desde lo económico, lo social, laboral, salud, amor y superación.

Comienza y avanza un día a la vez, pero ¿qué es algo muy sencillo que puedes hacer ahorita para estar un poco más orgulloso de ti mismo?

MENTALIDAD DE HOMBRE DE NEGOCIOS.

Si eres empresario experimentado, nuevo emprendedor o un profesional trabajando en una empresa es fundamental que mantengas la mentalidad de hombre de negocios con la cual ves todo como una meta, como un reto específico para sobrepasar obstáculos y reconocer que cada métrica tiene un impacto en otras áreas. Cada acción, cada tarea o estrategia tiene un impacto en tu micro economía e influye en la macro economía de tu país.

En México en el 2019 incrementaron el número de turistas, pero bajó su consumo por visita. Si buscas literatura de la Secretaría de Turismo del Gobierno de México descubrirás que uno de los objetivos principales del turismo es brindar satisfacción total al visitante, pero si leíste con atención y comprendiste este libro puedo estar seguro que puedes estar identificando muchas áreas de oportunidad para incrementar el valor de vida del cliente e incrementar ese ticket promedio de visita, y estoy seguro que no solo serían ideas generales porque ya conoces cómo guiar y medir tu plan con métricas para tener la habilidad de corregir rápida y correctamente lo que impedirá que logres tus objetivos.

Tu plan de alto nivel con la mentalidad de hombre de negocios no debe ser esperar a terminar un año para analizar qué funcionó y que no y qué debes hacer al respecto; necesitas tener un plan con sus puntos críticos perfectamente definidos para "detener la máquina" en caso de que esté produciendo errores para evitar entregarlos a la mayor cantidad de consumidores posibles y en conjunto con prácticas de solución de problemas y mejora continua aceleres tu emprendimiento, tu empresa, tu futuro y tu legado.

Siempre busca controlar todo lo que pueda vencerte y no dejes de planear tu prosperidad.

¡Muchas felicidades por concretar este entrenamiento básico para mejorar tus metas!

Aún hay más niveles que necesitas dominar en áreas muy específicas que como líder y jefe de una gran organización debes mínimo conocer para poder guiar y trabajar mejor en equipo con los diferentes departamentos bajo tu responsabilidad. Te recuerdo que aparte de estudiar y dominar lo que necesitas para hoy, necesitas estudiar y dominar lo que necesitarás en un futuro cercano o para tu próximo ascenso. Si quieres avanzar en tu carrera laboral necesitas leer mis libros con los siguientes títulos de la colección Éxito es tu responsabilidad en audio o texto.

Un poco sobre mi trabajo.

Consultor y entrenador de mejora continua, Luis Marino

Mejoro las prácticas de liderazgo para lograr mejores estándares de marketing, ventas y servicio al cliente, así como para aumentar los procesos estandarizados con dos objetivos principales. El primero es tener un mejor desarrollo organizacional. El segundo es impulsar la rentabilidad de la empresa con planificación estratégica.

Mi lema es: las personas primero, la misión siempre.

Mi trabajo se basa en Lean Six Sigma, Kaizen y Genchi Genbutsu, que son las metodologías estructuradas para eliminar errores, desperdicios y crear una mejora continua estandarizada.

Mi misión es la misión de mis clientes, prevenir futuros problemas y eliminar los actuales, creando soluciones integradas con las que puedan contar para atender a sus clientes sin problemas y ganar más dinero.

Mi visión es un México educado, entrenado, preparado y empoderado para tener empresas rentables, responsables y profesionales con prácticas del primer mundo.

**ÉXITO ES TU RESPONSABILIDAD:
MEJORANDO MIS METAS**

se terminó su primera edición
el día 27 de septiembre del 2020, en la ciudad de
Hermosillo, Sonora, México.

Autor y editor: Francisco Luis Marino
Consultor y entrenador de mejora continua para rentabilidad.

ÉXITO ES TU RESPONSABILIDAD: MEJORANDO MIS METAS

ESCANEA Y CONTÁCTAME.

Francisco Luis Marino
Consultor y entrenador de mejora continua para rentabilidad.

Todas las compañías que han tenido problemas y que iban por el camino a perderlo todo fueron recuperadas por personas que dieron un giro hacia la creación de metas diseñadas profesionalmente. Curiosamente son demasiadas las personas quienes piensan que saben realizar metas, pero los miles de negocios que cierran cada año nos demuestran lo contrario, las millones de personas quienes pasan sus vidas sin lograr cosas extraordinarias y repitiendo los mismos problemas que limitan su prosperidad nos demuestran que tampoco saben realizar metas correctamente y el objetivo principal de este libro es capacitarte, entrenarte, prepararte y empoderarte a ser un líder que sabe liderar, un líder que comprende la importancia de la dirección y organización. Si no has logrado algo gigante en tu vida es simplemente porque no has leído este libro de alto nivel con el cual aparte de mejorar tu productividad, mejorará tu liderazgo y tu rentabilidad.

www.ingramcontent.com/pod-product-compliance
Lightning Source LLC
Chambersburg PA
CBHW031632210526
45464CB00004B/1863